DIREITO PENAL REGIONALIZADO

APTO A PROMOÇÃO DA TUTELA EFICIENTE DOS BENS JURÍDICOS

PREFÁCIO
TARCÍSIO MACIEL CHAVES DE MENDONÇA

DIREITO PENAL REGIONALIZADO

APTO A PROMOÇÃO DA TUTELA EFICIENTE DOS BENS JURÍDICOS

CLAYTON DOUGLAS PEREIRA GUIMARÃES

Direito Penal Regionalizado
apto a promoção da tutela eficiente dos bens jurídicos

2021 © Associação Guimarães de Estudos Jurídicos

Edição   Clayton Douglas Pereira Guimarães
Glayder Daywerth Pereira Guimarães

Projeto Gráfico e Diagramação   Clayton Douglas Pereira Guimarães
Glayder Daywerth Pereira Guimarães

Capa   Clayton Douglas Pereira Guimarães
Glayder Daywerth Pereira Guimarães

G963
2021

Clayton Douglas Pereira Guimarães.
Direito Penal Regionalizado: apto a promoção da tutela eficiente dos bens jurídicos/ Clayton Douglas Pereira Guimarães.
Belo Horizonte: Publicação independente, 2021.
120 p.; 15,24cm x 22,86cm.

ISBN: 979-8730204-70-6

1. Direito. 2. Direito Penal. 3. Direito Constitucional.
I. Guimarães, Clayton Douglas Pereira.

CDD: 345 / CDU: 343

Belo Horizonte
2021
Associação Guimarães de Estudos Jurídicos
Email: contato.agej@hotmail.com
Website: https://associacaoguimaraes.wixsite.com/home
Instagram: @agej.oficial

À minha amada e estimada família.

"Numa concepção orgânica, a definição mais adequada do justo é a platônica, para a qual cada uma das partes de que é composto o corpo social deve desempenhar a função que lhe é própria; na concepção individualista, ao contrário, justo é que cada um seja tratado de modo que possa satisfazer as próprias necessidades e atingir os próprios fins, antes de mais nada a felicidade, que é um fim individual por excelência".

– Norberto Bobbio
A Era dos Direitos (2004)

AGRADECIMENTOS

Agradeço primeiramente a Deus por sua graça e generosidade, sei que o Senhor nunca coloca em nosso coração algo que não podemos alcançar e uma cruz mais pesada do que podemos carregar.

Aos meus pais, Jove Guimarães Campos e Andréa Pereira Guimarães que são, com certeza, o início de tudo, por me darem a vida e a encherem de amor e carinho, por incutirem em mim um senso apurado de justiça e por tudo mais em minha vida. Amo-lhes eternamente!

A meu irmão e melhor amigo, Glayder Daywerth Pereira Guimarães, que é provavelmente a pessoa que melhor me conhece, sou imensamente grato pelo seu companheirismo e apoio irrestrito em todos os momentos.

A minha amada, Érica Melicia da Silva Silveira, por seu amor, força, paciência, e parceria, por compartilhar comigo a sua vida, seus sonhos e conquistas, e, por promovermos a cada dia o crescimento um do outro.

Ao meu orientador, Doutor Tarcísio Maciel Chaves de Mendonça, pelos ensinamentos transmitidos com parcimônia e dedicação em sala de aula e especialmente pelo seu incentivo à produção acadêmica.

Aos meus amigos, Daphinne Tamires Nogueira, Gabriela Emily Estevam de Lima, Marcela Gregório Barreto, Maria Clara Dias de Araújo, Maria Luiza Ferreira Rodrigues Xavier, Valdo Mattos Júnior por dividirem comigo momentos importantes de suas vidas, pela aprendizagem compartilhada, pelo carinho e suporte recíprocos, na trajetória do curso de Direito e no exercício da advocacia.

PREFÁCIO

O autor foi meu aluno na graduação da Faculdade Dom Helder Câmara. Sempre se mostrou uma pessoa atenta e interessada no estudo do direito penal. Clayton, sempre muito discreto, procurou-me no final de uma aula pedindo-me para que o orientasse. Ao final de uma breve conversa, Clayton demonstrou interesse em pesquisar as vantagens e desvantagens de um direito penal estadualizado. O tema é incomum e árduo mesmo para pesquisadores mais experientes. Não conheço um só livro que, entre nós, trate do tema. Clayton saiu-se muito bem na tarefa que se propôs cumprir.

A Constituição da República fez uma clara opção: a união tem competência privativa para legislar em matéria penal. Significa dizer que os Estados não podem legislar em matéria penal, salvo se expressamente autorizados por lei complementar federal. Não se tem notícia que a União tenha delegado aos Estados ou ao Distrito Federal competência para legislar em matéria penal. O quadro é completamente distinto do penal americano. Os Estados Unidos da América, como todos sabemos, possuem uma legislação penal estadual.

O livro que tenho a honra de prefaciar avalia se um direito penal regional não seria mais adequado ao princípio federalista. A questão não é simples e mostra-se muito atual. O projeto de lei complementar 215/19, proposto pelo Deputado Lucas Redecker (PSDB/RS), propõe delegar aos Estados e Distrito Federal a competência para legislar sobre: crimes contra a vida; crimes contra a pessoa; crimes contra o patrimônio; crimes contra a liberdade sexual; crimes contra a administração pública estadual; crimes contra a administração pública municipal; tráfico ilícito de entorpecentes e comércio, posse, transporte e utilização de armas.

Um direito penal regional tem a possibilidade de aproximar o cidadão do legislador penal. A realidade regional poderá inspirar a criação de novos tipos penais e a extinção de outros. Permitirá que cada Estado comine penas mais adequadas a sua realidade. Isso não significa que não haja desafios.

Imagine que o Estado de Minas Gerais preveja, para o crime de homicídio, uma pena de 10 a 30 anos de reclusão. Já o Estado do Rio de Janeiro comine, para o mesmo tipo penal, uma pena de 20 a 40 anos de reclusão. Temos dois indivíduos que cometeram a mesma ação proibida sujeito a mínimos e máximos de pena completamente distintos. Teremos de discutir se a pluralidade de leis penais espalhadas pelo país violará ou não o princípio da isonomia.

Caso optemos por um direito penal estadual, teríamos 27 códigos penais. A pluralidade de partes gerais e especiais poderia causar insegurança jurídica. Tanto é verdade que, nos Estados Unidos da América há um código penal modelo (*Model Penal Code*). É uma iniciativa do *American Law Institute*. Não se trata, por óbvio, de uma imposição, mas uma recomendação. O objetivo

XII

é manter, entre os Estados, uma certa uniformidade na legislação penal.

É claro que a comparação do direito penal brasileiro com o americano deve levar em conta a história de formação dos dois países. Os Estados Unidos da América nasceram como confederação. O Brasil surgiu como um estado unitário.

O presente trabalho traz para a doutrina brasileira um debate interessante e necessário. Fico feliz que tenha saído da pena de um ex-aluno. É evidente que esse trabalho é mérito do Clayton. Todavia, fico feliz em ter contribuído na condição de orientador.

O trabalho de Clayton é a materialização dos esforços da Faculdade Dom Helder Câmara, que sempre investiu na formação de seus alunos e incentivou a participação em grupos de pesquisa. Enquanto escrevo esse prefácio, observo o relógio. Em breve, temos a reunião do grupo de pesquisa com alunos de direito da Faculdade Dom Helder Câmara. Tenho certeza de que de lá sairão novos trabalhos tão importantes quanto o que, agora, termino de prefaciar.

Tarcísio Maciel Chaves de Mendonça
Professor de direito e processo penal da Faculdade Dom Helder Câmara;
Doutor em direito pela UFMG;
Advogado Criminalista.

NOTA INTRODUTÓRIA

A idealização da presente pesquisa se deu em meados de 2016. Sua redação, porém, só se consumou graças ao incentivo a produção acadêmica dado pela Escola Superior Dom Hélder Câmara, especialmente nos semestres finais da graduação.

Verifica-se, contemporaneamente, no contexto de uma sociedade – complexa, plural e assimétrica – a sensação de falta de representatividade política, proporcionada, sobretudo, pela atual configuração do Estado federado, de forma mais centralizada. O estudo propõe uma análise crítica a essa configuração federativa em contraposição a uma estrutura federativa mais descentralizada.

Pouco se discute acerca de alterações na estrutura federativa, embora o federalismo comporte essas alterações, pois, tem um caráter incompleto, pode se abrir e fechar continuamente, em outras palavras é inerente a federação a rediscussão de seus limites, por assim dizer as repartições de competências.

Faz-se necessário, portanto, (re)pensar a estrutura federativa, em busca de se alcançar uma maior participação da sociedade na formação da vontade estatal.

Destaca-se que o escopo da pesquisa não é o de exaurir o tema pesquisado ou apresentar soluções definitivas para as problemáticas. Mas, sobretudo, apresentar os passos iniciais para uma mudança de paradigma da Federação, verificando em qual medida sua abertura e fechamento implica em uma maior participação da sociedade na formação da vontade estatal, sem para contudo, violar o princípio da igualdade.

Convida-se o leitor, nas páginas seguintes, a revisitar a forma de Estado Federação, sob a ótica do princípio do federalismo, que encampa um caráter essencialmente democrático.

Clayton Douglas Pereira Guimarães

SUMÁRIO

1   INTRODUÇÃO

O presente trabalho acadêmico tem por tema, a questão atinente a proteção dos bens jurídicos penais, especificamente no que tange ao direito fundamental à igualdade na perspectiva do direito comparado tendo como parâmetro de pesquisa o Brasil e os Estados Unidos da América no que se refere a escolha política de bens jurídicos a serem tutelados pelo direito penal e a cominação de penas abstratas decorrentes da lesão a estes bens.

Com o desígnio de se analisar a temática do presente trabalho acadêmico tem-se de admitir, como pressuposto do diálogo, uma noção elementar do contexto em que se assenta a discussão teórica da pesquisa, a eleição do Brasil e dos Estados Unidos da América como parâmetro de pesquisa dar-se-á em razão de significativas semelhanças dos mesmos, no caso em questão a estrutura do Estado em Federação, conforme estabelecido nas duas constituições dos respectivos países, além do grande contingente populacional e significativa extensão territorial. Embora, constatada a semelhança na estruturação de ambos em Federação, estes possuem substanciais diferenças que ensejam reflexos tanto na tutela dos bens jurídicos quanto na cominação de pena em abstrato.

Outrossim, ressalta-se a importância de descrever a situação atual da proteção dos bens jurídicos penais. Hodiernamente, compreende-se que o direito penal tem por finalidade a proteção de bens jurídicos importantes e necessários, através da cominação, execução e aplicação da pena, nesse sentido verifica-se nitidamente o caráter fragmentário do direito penal moderno, este representa a *"ultima ratio"* do sistema para a proteção de interesses de maior importância para o indivíduo e a sociedade. Depreende-se que a definição dos bens jurídicos penais a serem tutelados integra a questão da política criminal, é por intermédio desta que se fornece e se avalia os critérios para se apreciar o valor do Direito vigente e revelar o Direito que deve vigorar e, portanto, é resultado da própria composição da sociedade e da estruturação do Estado, destacando-se a questão da autonomia dos entes federados que permite em tese se tutelar bens jurídicos de formas distintas.

Ainda, integra o tema da pesquisa, ante a apreciação do Direito vigente no Brasil e Estados Unidos da América, se, revela-se necessária a mudança substancial no Direito que se deve vigorar, em outras palavras, deve-se contemplar a questão atinente ao direito penal regionalizado, e se tal regionalidade se justifica materialmente para promover a tutela penal eficiente de bens jurídicos

Em detrimento da realização do referido projeto de pesquisa é necessário explicitar o modelo teórico adotado para fins de pesquisa, qual seja o modelo teórico hermenêutico-argumentativo. Para tanto far-se-á o uso da multidisciplinariedade, uma vez que se faz necessária a cooperação teórica de disciplinas, quais sejam o direito, nos ramos do direito penal e direito constitucional, política criminal e sociologia.

Diante da abordagem do tema do trabalho acadêmico surge uma problemática, qual seja, a verificação se há a garantia ou não do direito fundamental à igualdade no que se refere a escolha de bens jurídicos e a cominação de penas abstratas decorrentes da lesão a estes bens para o mesmo faz-se utilização do direito comparado, tendo como objeto de pesquisa o Brasil e os Estados Unidos da América, em razão da semelhança da estruturação do Estados e, ainda a autonomia atribuída aos estados-membros. Bem como, se o direito penal regionalizado, justifica-se materialmente para promover a tutela penal eficiente de bens jurídicos

Dessa forma se propõe a responder a seguinte pergunta: Em que medida se assegura o direito fundamental a igualdade na escolha de bens jurídicos e se o direito penal regionalizado, justifica-se materialmente para promover a tutela penal eficiente de bens jurídicos?

A análise por intermédio do direito comparado do Brasil e dos Estados Unidos da América permite a oferta de uma solução possível do problema formulado, mediante a verificação do sistema que melhor atenda a garantia do direito fundamental a igualdade no que concerne a escolha política de bens jurídicos e a cominação de penas abstratas decorrentes da lesão a estes bens. A resposta prévia que se alcança a partir da propositura da hipótese, se resume em: a escolha dos bens jurídicos a ser tutelado pelos respectivos países é reflexo do contexto histórico dos mesmos e concordes com as cartas constitucionais e, portanto, a prima facie garantem o direito fundamental a igualdade dos seus respectivos cidadãos. A partir da problemática que ainda contempla o direito penal regionalizado, e se este, justifica-se materialmente para promover a tutela penal eficiente de bens jurídicos, em sede de resposta prévia entende-se que a direito penal regionalizado justifica-se materialmente para promover a tutela penal eficiente de bens jurídicos e melhor atende as particularidades regionais ou locais.

Para fins da verificação de verossimilhança da hipótese formulada tendente a resolução do problema da pesquisa é imperioso o cumprimento de determinados objetivos, quais sejam, em âmbito geral, explicar a forma em que dar-se-á escolha dos bens jurídicos a serem tutelados pelo direito penal e as penas abstratas decorrentes da lesão a estes bens no Brasil e Estados Unidos da América, utilizando-se para o mesmo do direito comparado, e se a partir da tutela ofertada a esses bens jurídicos atende-se o direito fundamental à igualdade. E ainda, explicar se o direito penal regionalizado, justifica-se materialmente para promover a tutela penal eficiente de bens jurídicos; e pormenorizadamente, explicar as diferenças conceituais de federalismo e a forma de Estado, federação, bem como de confederação e federação, descrever o contexto histórico do Brasil e dos Estados Unidos da América de forma a corroborar com as explicações das diferenças conceituais de confederação e federação, explicar a diferença entre soberania do Estado federal e a autonomia atribuída aos Estados-Membros, descrever a competência legislativa atribuída aos Estados-Membros em decorrência da autonomia e eles atribuída, inclusive na perspectiva específica da matéria penal, explicar tutela do bem jurídico penal, explicar se o direito penal regionalizado, justifica-se materialmente para promover a tutela penal eficiente de bens jurídicos, e por fim, explicar o jogo político equilibrado que importa na política criminal sob as perspectivas do federalismo.

Para o atendimento dos supracitados objetivos, requer-se, a utilização de uma metodologia hábil a atender as demandas da pesquisa, nesse sentido, adota-se a abordagem qualitativa, uma vez que se apoia na filosofia fenomenológica, de modo que haja a compreensão dos fenômenos sociais segundo a perspectiva do participante, qual seja, o autor da presente pesquisa. Ainda, objetiva-se no presente trabalho acadêmico uma pesquisa explicativa, de modo a identificar os fatores contribuintes para a ocorrência dos fenômenos, bem como explica-los por meio dos resultados oferecidos, e a fim de se alcançar o referido objetivo, far-se-á a utilização do método comparativo, ante a comparação do direito nacional ao direito estrangeiro, pois a análise por intermédio do direito comparado permite a oferta de uma solução possível do problema formulado. Por fim, de acordo com a técnica de análise de conteúdo, afirma-se que se trata de uma pesquisa bibliográfica, o que será possível a partir da análise de conteúdo dos textos doutrinários e normas. Dessa forma, a pesquisa se propõe a esclarecer e analisar a questão supracitada.

Feitas, portanto, essas relevantes considerações de modo a elucidar a temática da presente pesquisa, os respectivos problemas e a resposta prévia que se alcança a partir da propositura da hipótese, faz-se necessária justificar o porquê da realização da presente pesquisa, esta se substancia no fato de a temática apresentar relevância social e jurídica. No âmbito jurídico discute-se a efetividade do direito fundamental a igualdade em razão da diferenciação da cominação abstrata de penas em Estados que tutelam um mesmo bem jurídico em razão da Estrutura Federativa e se o direito penal regionalizado, justifica-se materialmente para promover a tutela penal eficiente de bens jurídicos. A relevância social decorre de a criminalidade ser um fenômeno recorrente na sociedade e porque este fenômeno torna-se patológico uma vez que causa desequilíbrio da associação humana e ainda se o direito penal regionalizado melhor atende as particularidades regionais ou locais.

Em detrimento da relevância do tema ante exposta, na perspectiva cientifica, jurídica e social, fica clara o porquê da escolha pelo autor, já a temática devido sua natureza exige uma pesquisa explicativa e participante, pois exige-se do pesquisador ao observar os fenômenos, compartilhar a vivência dos sujeitos pesquisados de forma sistemática, ainda, em aspecto dúplice, participativa natural, em razão do pertencimento do autor a sociedade brasileira um dos parâmetros da presente pesquisa, e participativa artificial, em razão não pertencimento do autor a sociedade norte-americana, outro dos parâmetros da presente pesquisa. Esse critério de instrumento de coleta participativa e não participativa, no presente caso está interligado com a utilização do direito comparado

Acerca do direito comparado, essa análise comparativa do direito penal é importante na medida, em que possibilita uma evolução teórica do direito penal, e desde modo fazer contribuição original a área de conhecimento.

Por fim, cabe, mencionar como dar-se-á estruturação do seguinte trabalho acadêmico, este é organizada em seis capítulos, além desta introdução, as considerações finais e as referências.

O segundo capítulo, se inicia como a exposição da federação, como forma de Estado, de modo a abordar a distinção conceitual entre os termos federação e federalismo, e a natureza jurídica da federação.

Afim de verificar a subsunção dos conceitos apresentados a realidade fática recorre-se no terceiro capítulo a uma abordagem histórica do surgimento da federação nos Estados Unidos da América e no Brasil, e no quarto a uma abordagem da organização federativa atual dos respectivos países.

Estes capítulos possuem um objetivo estrutural, já que a federação é pressuposto para toda a presente pesquisa, qual seja que a dita forma de Estado, possui semelhanças e divergências onde fora adotada, e quais seriam seus limites e melhor aplicabilidade em observância a contexto sócio histórico dos respectivos países utilizados como parâmetro de pesquisa.

O quinto capítulo por sua vez é inteiramente dedicado ao tratamento do direito penal dos Estados federativos do Brasil e dos Estados Unidos da América, de modo a abordar, o tratamento hodierno de bem jurídico penal, por conseguinte, trata-se da questão referente a competência legislativa para legislar sobre matéria penal nos Estados Federativos, pormenorizadamente, em atenção ao direito de igualdade dos cidadãos em face dos critérios de uniformidade e regionalista de edição de leis penais, do Brasil e o critério essencialmente de uniformidade de edição de leis penais e dos Estados Unidos da América e o critério essencialmente regionalista de edição de leis penais.

Em sua síntese parcial o quinto capítulo, chega a uma constatação: em atenção à concepção hodierna de proteção de bem jurídico, como bens que necessitam de proteção penal em razão de sua importância, essa importância pode ser atribuída mediante a competência para legislar sobre a dita matéria, a qual pode atender um critério de uniformidade e regionalista de edição de leis penais, os quais não violam o direito a igualdade dos cidadãos desde que atendidas os ditames constitucionais.

Por sua vez, o sexto capítulo tem como objetivo tratar do direito penal regionalizado e como este é apto a promoção eficiente dos bens jurídicos em se tratando do Brasil e dos Estados Unidos da América.

2   A FEDERAÇÃO COMO FORMA DE ESTADO

Com o desígnio de estabelecer os conceitos, pressupostos para o presente trabalho acadêmico, cabe fazer referência aos termos federalismo e federação, os quais exigem com finalidade didática uma discussão teórico-discursiva acerca do conceito das referidas expressões, uma vez que esses vocábulos são empregados com numerosos significados e por vezes distintos, a depender do ramo da ciência a qual está sendo empregado, bem como da interpretação sócio histórica dos termos. Observa-se, atualmente, uma redescoberta do interesse ao tratar do tema federação.

> Podemos dizer que muito desse interesse parte do fato de que o fenômeno da globalização incita novos jogos territoriais de poder, daí a necessária redefinição dos pactos federais não só nos países em desenvolvimento, como também nos países desenvolvidos que se viram diante de um processo constituído na base de contrastes: a formação de macroblocos e microblocos de poder, alterando a tradicional definição de fronteiras. O caso da estruturação de supra-redes de poder, formando uma espécie imaginária de aldeia global pode ser exemplificado com a formalização da União Europeia e ainda sementes embrionárias, como Nafta e Mercosul. Já considerando os micropolos de poder, constatamos a expansão e o fortalecimento das cidades e dos Municípios, como o aparecimento das megacidades ou megametrópoles como atores no cenário mundial. Ou seja, o fenômeno da globalização incita a formação de níveis transnacionais de governo, não há dúvida de que também o acompanha a criação de níveis subnacionais (BERNARDES, 2010, p. 27-28)

A partir da dita conceituação, cabe destacar a natureza jurídica de federação, por intermédio de suas diversas teorias: a Teoria da dupla soberania ou da co-soberania ou ainda da divisão da soberania; a Teoria dos Estados- Membros; a Teoria que afirma como único Estado o Estado federal; a Teoria da participação; a Teoria da autonomia; e a Teoria do Estado descentralizado. Cabe destacar que a discussão acerca da natureza jurídica de federação decorre da relevância contextual histórica da forma de Estado, federação, sobretudo no que concerne a diferenciação de confederação para federação.

Acerca da distinção de confederação e federação, esta está inter-relacionada com o surgimento da federação, a qual está intimamente interligada com os Estados Unidos da América, o qual é objeto de pesquisa do presente trabalho acadêmico por intermédio do direito comparado, bem como utilizar-se-á o Brasil, igualmente como parâmetro.

2.1 Distinção conceitual dos termos federação e federalismo

É relevante a distinção dos referidos termos, em razão de seu emprego sob diversos significados por vezes distintos uns dos outros, ainda, tal conceituação atribuirá coerência semântica da aplicação dos ditos termos no presente trabalho acadêmico.

> Assim Levi, que adota a distinção referida entre federalismo e federação, esclarece que a terminologia federação estaria ligada ao aspecto institucional, a uma teoria de Estado Federal que é dotada de características próprias. Esse termo teria como seu ponto positivo o fato de estar vinculado a um aspecto mais claro e delimitado. Por outro lado, esse sentido tem como ponto frágil o fato de possibilitar uma leitura mais reduzida ou estreita. Detendo-se ao termo federalismo, afirma que este tem o sentido de uma doutrina social global, que não se restringiria ao primeiro termo, este, sim, condicionado ao aspecto institucional. Assim federalismo comporta uma atitude

autônoma, como forma de olhar e identificar o mundo. O autor aponta como o aspecto negativo dessa expressão sua visão ainda um tanto obscura e mal delineada, e como ponto positivo esclarece que esse termo possibilita uma concepção mais rica e completa, considerando não só o Estado, mas a sociedade que o mantém e coloca em funcionamento (BERNARDES, 2010, p.30-31)

Extrai-se da distinção dos termos federalismo e federação, a amplitude dos mesmos, sendo que federação está contida em federalismo. Vê-se, portanto, a direta relação dos termos, que não podem hodiernamente ser dissociado como ver-se-á seguir.

Neste trabalho, o termo federalismo é utilizado no mesmo sentido que lhe atribui Bernardes, (2010, p.17):

> O federalismo deve ser compreendido a partir da noção de pluralismo defendida por Habermas, que se apresenta tanto como defesa das concepções individuais de vida digna, como defesa as várias formas de identidades sociais e coletivas.

Apreende-se da noção de pluralismo inerente ao federalismo que este está intimamente relacionado com o Estado Democrático de Direito, acerca desta questão:

> É no contexto desse Estado Democrático de Direito que entendemos se inserir o federalismo que deve ser visto como um princípio que se acomoda aos pressupostos da exigência democrática. A construção do que consideramos o verdadeiro federalismo fornece, densificando, os meios para que a formação da vontade e da opinião possam se dar de forma democrática, isso porque, como veremos adiante, no seu conteúdo encontra-se uma essência eminentemente democrática; apesar de, no decorrer da história, ter sido, em razão mesmo da constatação de sua essência, usado estrategicamente para a defesa de interesses contrários à sua natureza. É exatamente por meio do federalismo, ele mesmo um princípio do ordenamento jurídico, que, entendemos, podemos adensar as autonomias privadas e públicas, permitindo-se que o Estado de Direito se realize integralmente

e potencializa os supostos da democracia participativa, otimizando seu projeto procedimental (BERNARDES, 2010, p.22-23).

O termo federalismo é utilizado no contexto teórico do Estado Democrático de Direito, ou seja, situação jurídica na qual há a garantia aos direitos humanos e garantias fundamentais, por intermédio de uma proteção jurídica, na qual todos estão indistintamente submetidos ao ordenamento jurídico, e igualmente todos indistintamente participam do processo político, seja por intermédio da participação direita ou indireta. Conforme deixado bem claro anteriormente, o princípio do federalismo deve ser compreendido a partir de uma noção de pluralismo, ou seja, exige-se a participação também comum ao Estado Democrático de Direito. Portanto, o federalismo só existe no contexto de um Estado Democrático de Direito, enquanto o Estado Democrático de Direito pode existir independentemente do federalismo, utilizando-se de outros princípios que fundamentam outras formas de Estado.

O federalismo garante, portanto, a denominada autonomia pública, na medida em ressalta os direitos de participação dos cidadãos, por intermédio da expansão dos espaços de comunicação, ou seja, atende-se o ideal pluralista, mas, não somente, também garante a autonomia privada, na medida em que no exercício do direito de participação do cidadão, pode-se defender as concepções individuais. É na garantia da autonomia pública e autonomia privada à uma sociedade pluralista que se vê verdadeira legitimidade.

A defesa das concepções individuais, portanto, por intermédio do direito de participação do cidadão é imperioso em um Estado Democrático de Direito que se utiliza da democracia representativa para que se tenha atendida a legitimidade, em caso diverso, incorre-se no risco do dito déficit de legitimidade, em que o cidadão não se vê devidamente representado em um Estado Democrático.

Em síntese, extrai-se da relação de federalismo com a democracia um elemento nuclear, o pressuposto de ambas as figuras político-jurídicas, a necessidade de convivência na unidade, respeitada a diversidade.

> O termo federalismo se traduz pela convivência na unidade, respeitadas as diversidades, ou seja, o federalismo aproxima-se da ideia de pluralismo, da concepção de mundos que respeita as diferenças e, por isso mesmo, admite a premissa de igualdade. Tal concepção se exerce na perspectiva da distribuição espacial de poder (BERNARDES, 2010, p.47)

Note-se que há uma aparente tensão, haja vista que se deve ao mesmo tempo garantir a conveniência da unidade, e, garantir a diversidade, mas, cumpre observar que a tensão é meramente aparente, pois em verdade esse caráter dual permite a constante discussão inerente ao Estado federal. Mais especificamente a aparente tensão refere-se aos seguintes aspectos:

> Quando falamos em federalismo com esse conteúdo, podemos constatar uma tensão interna permanente e inerente a esse conceito, pois trabalha com aspectos inicialmente opostos: liberdade e autoridade, igualdade e diferença, diversidade e unidade, autonomia e interdependência, centralização e descentralização, independência e entendimento comum,

> integração e dispersão. Tal fato, na verdade reafirma seu valor ao invés de destitui-lo, pois é justamente nessa tensão que o federalismo se firma como opção viável a sociedade - fragmentada e pluralista – nas formas de organização territoriais de poder, visando uma distribuição espacial desse poder. Essa tensão interna do federalismo vai permitir esse fenômeno seja a charneira que irá buscar o equilíbrio nos conteúdos aparentemente antagônicos que nele estão congregados. Dessa forma, é justamente neste cabo de guerra entre diversidade e unidade, nesta tensão previamente posta, que concorremos para obter a paz social ou o fio de harmonia. (BERNARDES, 2010, p.47-48)

Admitir este conteúdo ao federalismo, referente a coexistência da garantia, unidade e diversidade explicita o caráter incompleto do mesmo, já que este está em contínua perpétua construção. Para Bernardes (2010), ao admitir essa tensão interna, defende-se o federalismo incompleto ou aberto, pois em algumas hipóteses elege-se a unidade e em outros casos a diversidade.

Constata-se, portanto, que da referida coexistência da garantia da unidade e diversidade no que tange ao federalismo, um dos dois tem, por óbvio se sobressair, a se considerar determinadas características, em especial, circunstâncias sócio históricas.

Embora um dos dois seja sobressalente, há sempre a possibilidade de alternância, decorrente do caráter incompleto atinente ao federalismo, resgatando-se a noção de contínuo aperfeiçoamento.

> Esse fato, a possibilidade de alternância de conteúdo, ao funcionar como uma balança cujo equilíbrio está não em pesos equivalente, mas na própria possibilidade balançar, é o primeiro grande trunfo do federalismo, à medida que se abastece de conotação essencialmente democrática e legitimadora. (BERNARDES, 2010, p.52)

A possibilidade balançar inerente ao federalismo o legitima, portanto, é inerente ao federalismo a possibilidade de reconhecimento das diversas identidades federais que são formuladas, essa identidade pode ser focada na unidade ou na diversidade, contudo, essa plasticidade e flexibilidade que faz com que o federalismo possa operar.

> É justamente ao preencher essa identidade, construída em permanente tensão que se coloca em cena outra feição que podemos destacar no federalismo ou seu segundo trunfo: é de uma plasticidade sem precedente. Não é sem razão que a teoria do federalismo tem tanto alcance e atravessou séculos desde a sua primeira adoção como fonte de identificação de um Estado. (BERNARDES, 2010, p.53-54)

Diante da possibilidade balançar, e a plasticidade do federalismo nota-se que sobretudo, este é inacabado, sendo possível formar consensos negociados por intermédio da política, essa abertura de espaço para diálogo, ainda guarda relações com o ideal democrático.

> Outro ponto deve ser afirmado como terceiro grande trunfo do federalismo: ao permitir uma leitura de federalismo inacabado, colocando a questão de fechar e de ser abrir continuamente, a necessidade de fechamentos e aberturas ocasionais leva à possibilidade de formar consensos negociados. Com a abertura desse espaço teremos também, no federalismo maior possibilidade de negociação que insuflará um jogo político mais equilibrado (BERNARDES, 2010, p. 55).

Os consensos negociados, implicam em um jogo político equilibrado na medida em que se pode mudar a relação dominante, de modo que se torne mais evidente a tolerância com os demais. É aqui que se exterioriza o caráter democrático, já que se nota a possibilidade de alternância de pensamentos.

> Ao permitir mudança na relação de maiorias dominantes, estende seu alcance, criando um lastro social que se apoia na questão de que todos podem ter suas diferenças respeitadas, o que implica na convivência natural com o pluralismo e com a tolerância: somos todos iguais, mas a igualdade só tem sentido quando seu uso serve como garantia da diferença. Esse lastro social permite fortalecer o sentido de pertença, pois se apoia em algo que as próprias pessoas construíram e se sujeitaram, e para isso a expansão do espaço público é fundamental, pois vocaliza demandas aproximando cidadãos de seus governantes e permite maior fiscalização e controle das funções públicas (BERNARDES, 2010, p.57).

Fez-se a opção por tratar primeiramente do princípio do federalismo, pois a forma federativa de Estado está relacionada com os pressupostos do federalismo. Nesse ponto cabe apartadamente fazer referência a federação propriamente dita, a iniciar pela etimologia da palavra.

> A palavra Federação de significado plural, não era conhecida na Antiguidade. Atualmente ela é utilizada em acepções diversas, batizando inúmeras organizações sociais e políticas. Como princípio que fundamenta uma forma de Estado – acepção adotada pelo Direito Constitucional -, o federalismo busca o seu significado mais remoto no latim de fuedus, remontando à sua razia bheid, exprime tratado de aliança, pacto, convenção. Com esse sentido de aliança entre entidades políticas, logrou sua utilização no Estado Moderno. (ROCHA, 1997, p. 196)

E em sequência da origem da forma federativa de Estado, comumente atribuída aos Estados Unidos da América. Para Bernardes (2010), a forma de Estado, federação, fora criação estadunidense, estando essa vinculada desde o início ao princípio do federalismo, ou melhor, sua criação se deu com o intuito de valer as ideias do federalismo.

O termo, federação, portanto, é utilizado no sentido de forma de Estado, orientado pelo princípio do federalismo, de modo que hoje tem por escopo resolver questões de interdependência de poder em uma sociedade plural, em que o poder se dissolve na sociedade. Nesse sentido, estruturalmente há uma divisão territorial do poder, divisão essa para atender as demandas diversas, por isso o caráter democrático.

> Desse modo, adota-se a concepção de Kelsen no sentido de que a ordem jurídica de um Estado federal compõe-se de normas centrais válidas para porções do território. As normas locais formam ordens jurídicas locais por meio das quais são constituídas comunidade ou unidades jurídicas parciais. (BERNARDES, 2010, p.67)

Estado federal esse caracterizado pela autonomia atribuída aos Estados-Membros, ou seja, estes detêm competência legislativa. Em outras palavras essa autonomia consiste em um poder não derivado de uma permissão do poder central. Assim os Estados-membros poderão organizar-se em conformidade com suas características próprias desde que não inviabilizem a unidade, objetivo comum, as várias diversidades.

Inevitavelmente, em essência para se garantir a autonomia, tem de haver certa descentralização administrativa e financeira, em destaque este último, pois a federação desenvolve-se a partir dele, mas, deve-se sempre vislumbrar além da questão financeira, reduzir-se a este é desconhecer a forma de Estado federal.

Segundo Bernardes (2010), é ainda mais importante a autonomia político-jurídica, a qual implica em distribuição das competências legislativas, em especial acerta de tributos, já que embora importante a descentralização administrativa ou financeira, está não é essência da forma federal, tanto que pode estar presente também no Estado unitário.

Embora tenha-se referido a descentralização sobretudo, em relação aos aspectos administrativos e financeiros, nem sempre a dita descentralização implica em mais democracia. A descentralização compatível com o federalismo é aquela em que os cidadãos a participarem das decisões. Reiterando-se que na proposta de federalismo há sempre a possibilidade de alternância entre descentralização e centralização.

Assim, o que se pretende é esclarecer que embora didaticamente importante a discussão teórico-discursiva acerca do conceito dos ditos termos, estes estão intimamente relacionados, sobretudo contemporaneamente, em que a forma de Estado federação não pode ser dissociada do princípio do federalismo, embora note-se a maior amplitude do federalismo.

Feitas, portanto, essas considerações, de modo a evitar prejuízo provocado no uso das expressões federalismo e federação de modo diverso ao aduzido anteriormente, cabe fazer menção aos demais conceitos de federalismo e federação, e explicitar o porquê da utilização conceitual nos parâmetros indicados nos parágrafos anteriores.

2.2 Da natureza jurídica da federação

Ante a conceituação de federação, faz-se oportuna uma abordagem da natureza jurídica de federação, por intermédio de suas diversas teorias: a Teoria da dupla soberania ou da co-soberania ou ainda da divisão da soberania; a Teoria dos Estados-Membros; a Teoria que afirma como único Estado o Estado federal; a Teoria da participação; a Teoria da autonomia; e a Teoria do Estado descentralizado. Cabe destacar que a discussão acerca da natureza jurídica de federação decorre da relevância contextual histórica da forma de Estado, federação, sobretudo no que concerne a diferenciação de confederação para federação.

2.2.1 A Teoria da dupla soberania

A Teoria da dupla soberania merece destaque por ter sido exposta na obra O Federalista, e ter repercutido diretamente na construção do Estado Federal dos Estados Unidos da América, esse contexto histórico será tratado em capítulo próprio, mas em síntese a proposta da Teoria da dupla soberania se consubstancia em:

> A Teoria da dupla soberania ou da co-soberania ou ainda da divisão da soberania foi exposta na obra O Federalista, de John Jay, Alexander Hamilton e James Madison e também admitida na obra A Democracia na América de Alexis Toqueville. Vinculada ao nascimento do Estado Federal norte-americano, tem como pressuposto uma divisão de soberania, pois os Estados-Membros abrem mão de uma parte da sua soberania em prol do Estado Federal e reservam para si outra parte. Dividir a soberania e não diminuí-la foi a saída estratégica dos autores de O Federalista para equacionar o receio de alguns Estados, antes soberanos, de não atuarem independentemente.

Os Estados conservariam as competências ou os direitos de soberania que detinham antes da união, exceto daquilo que expressamente fosse deferido ao Governo Federal. Com esse objetivo a Constituição dos Estados Unidos define com acuidade as competências da União/Governo Federal e deixa a cargo dos Estados-Membros aquelas que não foram explicitadas para a União, ou seja, as remanescentes que aparecem como regra. (BERNARDES, 2010, p.129)

Enfim, a Teoria da dupla soberania promove verdadeira repartição de soberania por meio da atribuição das competências, sendo parte delas atribuída a União e parte aos Estados-membros.

La Concepción de la división del poder del Estado, procede de la competencia general em los Estados unitários actuales. Como en los federales esta competência está dividida entre dos Estados, parece a primeira vista que está el mismo poder estatista repardido entre ambos. Lo que induce a error de creer, juzgando por la existencia de tal poder, hay um contenido necesairo de su competencia, siendo asi hemos demostrado antes que compete al poder soberano del Estado el determinar hasta dónde se há de extender em aquélla. (BERNARDES, 2010, p.130, apud JELLINEK, 1954, p. 378)[1]

Compete, portanto, aos Estados Membros legislarem soberanamente e a União naquelas competências que lhes foram atribuídas expressamente, como disposto a seguir.

Assim, os Estados-Membros nas suas áreas seriam soberanos e a União, naquelas competências que lhe foram expressamente atribuídas. Se tivéssemos, como tempos a partir do século XX o traço marcado das competências concorrentes, dificilmente essa teoria se firmado com tal vigor. Bandeira de

---

[1] A concepção da divisão do poder do Estado vem da competência geral nos Estados unitários atuais. Como nos federais, esta competência está dividida entre dois Estados, parece à primeira vista que existe o mesmo poder estatista repartido entre ambos. O que leva ao erro de acreditar, a julgar pela existência de tal poder, existe um conteúdo necessário de sua competência, por isso demonstramos antes que é o poder soberano do Estado determinar a extensão em que deve ser estendida (tradução nossa)

> Mello pondera que somente o exercício da autoridade é distribuído; além do mais não há como separar rigidamente as competências federais das estaduais. (BERNARDES, 2010, p. 131)

A eleição pela forma de Estado Federal nesses moldes fora sobretudo decorrente da tentativa dos Estados-membros da então federação dos Estados Unidos da América de manterem sua soberania ante ao contexto histórico dos mesmos, a primeira tentativa fora um modelo confederativo, no entanto, este mostrou-se ineficiente e frágil, restando buscar um meio de solucionar os problemas do modelo confederativo, ante a necessidade dos Estados passa-se então a adotar o modelo federativo, nos moldes da Teoria da dupla soberania ou co-soberania. Embora essa Teoria seja incompatível com a atualidade, ante as competências atribuídas concorrentemente.

2.2.2 A Teoria dos Estados- Membros

A Teoria dos Estados-Membros contrapõe-se a Teoria da dupla soberania, ao constatar que a soberania não pode pertencer a dois entes. Entretanto ao se atribuir a soberania somente aos Estados-Membros implica-se na formação de uma confederação e não mais federação.

> Temos também a teoria dos Estados- Membros, que tem como seus grandes representantes John Calhourn, ao analisar os Estados Unidos e Max Seydel, vinculado ao Império alemão. Tais autores partem da ideia irrestrita de soberania que não pode pertencer a dois entes; então, ou pertence ao Estado-Membro ou pertence a União. Nesse sentido, não há um Estado

superior aos Estados federados; a União é apenas uma expressão do conjunto desses, que são únicas entidades soberanas. Como na visão de tais autores os Estados-Membros conservam a soberania, que não é detida pela União, acabam por negar a federação, pois união entre eles é confederal. (BERNARDES, 2010, p.131)

Além da fragilidade teórica da Teoria dos Estados-Membros que em verdade acaba se confundindo com o modelo de confederação, modelo em que diversos Estados se unem afim de atender uma necessidade sem abrir mão de sua soberania, por essa razão aproxima-se tanto da dita teoria, em virtude do seu caráter fragmentário acaba por fundamentar cisões.

Bernardes, (2010, p. 131) "É evidente que essa maneira de justificar uma união pode fomentar a separação e serviu como fundamento teórico para a guerra de secessão dos Estados Unidos".

Em razão da incapacidade da dita teoria em tratar da natureza jurídica da federação de forma a atender os critérios de necessidade dos Estados, esta fora superada a partir do momento em passa-se a distinguir os termos soberania e autonomia.

> Ferrari, em lúcido comentário a respeito dessa teoria, afirma a sua correção e a sua lógica no contexto histórico em que foi elaborada e diz que a superação dessa tese só foi possível graças a formulação teórica da distinção entre soberania e autonomia (BERNARDES, 2010, p.132)

É relevante a distinção dos termos, soberania e autonomia, pois, tal conceituação atribuirá coerência semântica da aplicação dos ditos termos no presente trabalho acadêmico.

2.2.3 A Teoria que afirma como único Estado o Estado federal

A Teoria que afirma como único o Estado federal pressupõe que a soberania é única do Estado federal, e, portanto, indivisível.

> Já a teoria que afirma como único Estado o Estado federal tem como seu máximo defensor Zorn, que pressupõe a unidade soberana como essencial ao Estado, significando poder supremo e indivisível. No sentido inverso a teoria de Calhourn, o Estado abre mão de sua soberania em favor do poder central e esse poder central vai regular o exercício de direitos de soberania em favor dos Estados-Membros. (BERNARDES, 2010, p.132)

Ainda, o pressuposto de que a soberania é detida pelo Estado Soberano e de forma indivisível, não atente as necessidades dos Estados-Membros de autonomia.

2.2.4 A Teoria da participação

A Teoria da participação por sua vez, se lastreia na ideia de que é soberano o Estado, e os Estados- Membros participam da formação da vontade soberana.

> Também podemos citar a denominada Teoria da participação defendida especialmente por Louis Le Fur. Essa teoria, que já não tem o caráter radical como as anteriores, parte da ideia central de que a soberania é qualidade essencial do Estado e de que, no Estado federal, os Estados-Membros são chamados a participar da formação da vontade soberana, integrando a sua noção essencial. Le Fur ainda se detém no conceito irrestrito de soberania, sendo esta uma e indivisível só que admite os membros da federação participam dela. Os componentes da federação são chamados a tomar parte na formação da vontade do Estado e, consequentemente, participam da substância mesma da soberania estatal. (BERNARDES, 2010, p.132)

A crítica a dita teoria se concentra em que embora, a teoria lastreie-se na ideia de uma participação na substância da soberania estatal por parte dos Estados- Membros, em verdade a participação é meramente do exercício da soberania.

Embora menos radical em comparada as demais teorias já apresentadas, a Teoria da participação possui problemas em seus assentamentos teóricos, já que o que se requer do modelo de forma de Estado, federação é minimamente que os Estados-Membros participem substancialmente da soberania.

2.2.5 A Teoria da autonomia

A Teoria da autonomia é de supra importância por tratar da autonomia inerente aos Estados-Membros. A dita teoria se propõe a reafirmar a existência da soberania inerente as nações, na perspectiva de exercício do poder ilimitado, mas propõe a autonomia dos Estados-Membros, isto é, uma divisão de competências, na qual não há uma hierarquia de um ente federado sobre o outro.

> Temos ainda a Teoria da autonomia ou Teoria que afirma que federação é um único Estado soberano, porém não nega aos Estados-membros o caráter de Estado. Tal teoria deve suas formulações a Lanbad e a Jellinek. No Estado federal, apesar de a soberania pertencer a federação, seus componentes conservam a qualidade de Estado quando estão fora da esfera de subordinação da federação, exercendo direitos a título próprio. (BERNARDES, 2010, p.133)

O reconhecimento da autonomia é especialmente importante por esta sim, garantir aos Estados-Membros verdadeira autonomia, já que tem competências definidas, e não estão submetidos ao uma subordinação hierárquica, em que um ente federado toma importância superior em detrimento de outro.

2.2.6 A Teoria do Estado descentralizado

A Teoria do Estado descentralizado, tem como fulcro a descentralização do Estado federal, e, portanto, os Estados-Membros mantém com o Estado federal um vínculo de subordinação, embora mantenham autonomia, então, mais adequado seria falar em coordenação e não subordinação em razão da dita autonomia.

> A Teoria do Estado descentralizado ou das três entidades estatais tem como ponto de referência as ideias defendidas por Kelsen. Essa teoria teve grande repercussão no meio jurídico. Hans Kelsen considerava o Estado federal como o gral mais elevado de descentralização política, diferenciando-se dos outros tipos de Estados apenas quantitativamente. O Estado federal é uma totalidade que representa a síntese da federação e dos Estados-Membros que têm em si uma relação não de subordinação, mas de coordenação. Dessa forma, União e Estados-Membros são ordens jurídicas parciais (federal e estadual) submetidas a uma terceira ordem (ordem jurídica total) da qual recebem competências, e que é soberana, identificada como Estado no âmbito do direito internacional. (BERNARDES, 2010, p.135)

O conjunto de teorias aptas a identificar a natureza jurídica da federação foram importantes na medida que permitem uma evolução teoria do modelo federal, até o ponto em que se reconheça a autonomia inerente aos Estados-Membros, autonomia está presente em poucas teorias, como verificou-se.

3 CONTEXTO HISTÓRICO DO SURGIMENTO DA FORMA FEDERATIVA DE ESTADO NOS ESTADOS UNIDOS DA AMÉRICA E NO BRASIL

Em detrimento da abordagem dos referidos termos, federalismo e federação, inclusive da natureza jurídica da federação a partir das suas diversas teorias, deve-se ressaltar o contexto histórico dos Estados Unidos da América e do Brasil e da incidência dessas teorias no histórico destes, além das suas respectivas implicações.

3.1 Contexto histórico do surgimento da forma federativa de Estado nos Estados Unidos da América

Ao tratar do surgimento da forma federativa de Estado, faz-se logo o paralelo com os Estados Unidos da América, já que o surgimento desta costuma ser atribuída à Constituição norte-americana, de 17 de setembro de 1787. Embora deva-se fazer primeiramente referência aos antecedentes históricos imprescindíveis ao implemento da forma de Estado, federação.

> Durante a segunda metade do século XVIII, as relações econômicas entre as Treze Colônias e a metrópole estremeceram, em razão da sobrecarga tributária, além de diversas exigências e restrições às atividades econômicas e comerciais desenvolvidas ao longo dos anos pelas Colônias. Neste particular, alguns eventos contribuíram decisivamente para a eclosão do movimento de independência norte-americano, tais como o Stamp Act (1765), o Massacre de Boston (1770), o Boston Tea Party (1773), as sanções contra Massachusetts e a transferência para o Canadá de parte do território americano. Alguns anos mais tarde, mais precisamente em 4 de julho de 1776, durante o Segundo

Congresso Continental, os membros do Congresso assinaram a Declaração de Independência de forma inspiração lockiana e que teve em Thomas Jefferson o seu principal artífice. (NOVELINO, 2014, p. 710-711).

Em decorrência dos ditos antecedentes históricos prima-se pela adoção de uma forma de Estado que atendesse as demandas da sociedade americana, faz-se, portanto, a opção pelo modelo de confederação, o qual mostra-se ineficaz, e fora logo, abandonado. Embora abandonado, o modelo confederalista, era teoricamente promissor, tanto o é que foi precursor do modelo federativo.

> A confederação embora aprovada em 1778, só fora instituída em 1781, após a aprovação dos Artigos da Confederação (Articles of Confederation). No entanto, a ineficiência, fragilidade e disfuncionalidade do modelo confederal levou a convocação de uma convenção para debater fórmulas e soluções para os inúmeros problemas enfrentados. No curso do evento – realizado a portas fechadas distantemente outras Convenções Constitucionais -, a ideia inicial era reparar as disfunções do modelo confederativo foi logo abandonada. A Convenção da Filadélfia transformou-se em uma Convenção Constitucional, dando azo à primeira constituição escrita do mundo moderno: a Constituição norte-americana de 1787. Diante da pouca eficiência da confederação para atender aos reclames dos Estados e da própria população, optou-se por consagrar a forma federativa, um novo modelo que instituía um poder central, mas ao mesmo tempo preservava a autonomia dos Estados. (NOVELINO, 2014, p,710-711)

O modelo federativo em voga, era baseado na anteriormente abordada, Teoria da dupla soberania e se consubstanciava em uma divisão de soberania, por meio da atribuição das competências, sendo parte delas atribuída a União e parte aos Estados-membros.

Embora o modelo federalista apresente um avanço em termos participativos, a Teoria da dupla soberania sobre a qual fundamentava-se até então apresentava problemáticas, já que é incompatível a soberania pertencer a dois entes, quais sejam União e Estados-Membros concomitantemente, problemática essa apontada pela Teoria dos Estados-Membros.

A Teoria do Estados-Membros igualmente apresenta fragilidade teórica, na medida em que parte da ideia de que a soberania pertence aos Estados Membros, e, que não é detida pela União, deste modo de forma indireta acaba por resgatar os ideais do modelo confederativo.

Ainda, segundo Bernardes, (2010, p.131) "É evidente que essa maneira de justificar uma união pode fomentar a separação e serviu como fundamento teórico para a guerra de secessão dos Estados Unidos".

Em razão da incapacidade da dita teoria em tratar da natureza jurídica da federação de forma a atender os critérios de necessidade dos Estados, esta fora superada a partir do momento em passa-se a distinguir os termos soberania e autonomia, tema este que será tratado com maior profundidade ao abordar a organização dos Estados federativos dos Estados Unidos da América.

3.2 Contexto histórico do surgimento da forma federativa de Estado no Brasil

No que tange a origem do modelo federativo brasileiro, embora inspirada na federação norte-americana, este se deu modo diverso em virtude de particularidades do contexto histórico nacional. Inicialmente, cabe fazer referência aos antecedentes históricos imprescindíveis ao implemento da forma de Estado, federação, no Brasil.

Note-se a predisposição do Brasil pela forma federativa em razão de extensão territorial e condições econômicas variadas.

> Apesar da anunciada vocação federativa demonstrada pelo Brasil, condicionada por fatores naturais e geográficos ligados a vastidão do território e a existência de um colorido mosaico de condições econômicas variando ao infinito, o processo de criação do Estado federal nacional foi forjado a partir de sucessivas etapas de conciliações políticas, iniciadas durante a vigência do regime monárquico. (OLIVEIRA, 2012, p. 145-146)

As elites regionais passaram a defender o modelo federalista, em razão de sua descentralização política-administrativa, hábil, portanto, a mitigar o poder estatal que reprimia os impulsos autonomistas.

> O ponto fulcral da transição do Império para a República radica-se, portanto, na crescente diversificação da base econômica ocorrida a partir de 1870, notadamente, com o florescimento da cafeicultura no oeste paulista e, por consequência, com a heterogeneidade que se aprofundava de modo paulatino entre Centro-Sul e o Nordeste. A proposta de adoção do federalismo ganhava espaços progressivamente maiores, ao representar uma solução provável à problemática da questão da substituição do trabalho servil. Afirmava-se veementemente que deveria competir às unidades federadas cuidar desse assunto conforme os interesses específicos capitaneados por elas, o que seria possível mediante o exercício da autonomia. Assim, o esforço despendido por grande parcela das lideranças provinciais estava calcado no intuito de proteger e de promover interesses econômicos diversificados, os quais se corporificavam em segmentos regionais espalhados por todo o território nacional, desejosos

de exercerem efetivamente o denominado autogoverno. (OLIVEIRA, 2012, p.151)

A defesa do regionalismo para privilegiar as elites regionais não conseguiu compensar as disparidades regionais, de modo a sequer estabelecer interdependência entre União e Estados, o que se espera de um modelo federativo.

> Nesse sentido, Fernando Luiz Abrucio enfatiza que o surgimento da estrutura federativa no Brasil também não conseguiu estabelecer uma relação de interdependência entre a União e os Estados, pois havia um enorme desequilíbrio federativo que contrapunha, de um lado, dois Estados muito fortes – Minas Gerais e, de forma destacada, São Paulo – contra a autoridade nacional frágil frente a eles, e, noutra banda, mais de uma dezena de unidades estaduais incapazes de sobreviverem por conta própria. (OLIVEIRA, 2012, p. 152-153)

Fora sob essas circunstâncias que se instaura o federalismo, por intermédio da Constituição de 1891. Para Oliveira (2012) a referida constituição era inadequada para ordenar no contexto de sua elaboração, mas possibilitou a repartição de competências entre União e Estados-membros.

A Constituição de 1891 consagrou a forma federativa de Estado, adotando modelo rígido de atribuição de competências, cujo modelo teve evidente influência do modelo federativo dos Estados Unidos da América, em especial, na parte atinente a organização da federação. Esse contingente de competências atribuídas aos Estados-Membros decorre sobretudo, da ruptura com um modelo centralizador característico do Brasil Império, muito embora esse caráter centralizador sempre esteve em voga, em maior ou menor grau.

> Com o advento da Constituição de 1934, houve uma mudança significativa no tocante à sistematização, com o retorno às fontes do constitucionalismo europeu e a inauguração de um federalismo cooperativo (ou de cooperação), inspirado na Constituição de Weimar de 1919. A Constituição de 1934 foi mais centralizadora do que a sua antecessora, ampliando o rol de Competências da União. A Competência para legislas sobre Direito Processual por exemplo, atribuída aos Estados-membros na Constituição de 1891, foi transferida a União. (NOVELINO, 2014, p. 710-711)

A Constituição de 1934 promoveu uma a redução das competências atribuídas aos Estados-Membros, exteriorizado pela ampliação do rol de competências da União, sobretudo acerca da matéria de processo penal, de forma a ampliar o caráter centralizador do Estado brasileiro como era anteriormente.

> Este modelo foi reproduzido formalmente pela Constituição de 1937, que estabelecera competências privativas da União e exclusivas dos Estados. Estes poderiam, ainda, suplementar a legislação federal de modo a atender seus interesses. Na prática, contudo, a Carta do Estado Novo notabilizou-se por uma centralização unitária, exteriorizada, sobretudo pela nomeação de interventores nos Estados-membros. (NOVELINO, 2014, p. 710-711)

A partir da outorgada Constituição de 1937, o caráter centralizador fica ainda mais evidente em se tendo sido nomeados interventores nos Estados-Membros, de forma em que o modelo federativo fica comprometido.

> Na tentativa de romper com a centralização política implementada durante o Estado Novo, a Constituição de 1946 restaurou o federalismo, assegurando a União competências

privativas e outorgando as competências residuais aos Estados, além de competências complementares e supletivas. Aos Municípios assegurou-se uma ampla autonomia com a possibilidade de eleição de prefeito e de vice-prefeitos, competência para organizar serviços públicos locais e competências tributárias. (NOVELINO, 2014, p. 710-711)

A Constituição de 1946 intentou resgatar o até então comprometido modelo federativo, a partir da repartição de competências, atribuindo autonomia aos entes federativos.

A Constituição de 1967/1969, outorgada durante o regime militar, manteve nominalmente o federalismo de 2° grau, com duas Esferas de poder (União e Estados) e com um baixíssimo nível de descentralização política. A autonomia municipal ficou bastante prejudicada por regras de eleição dos Prefeitos em Municípios sedes de capitais e das estâncias hidrominerais – que ficavam a cargo dos Estados -, bem como em Municípios declarados de interesse nacional – cuja eleição ficava a cargo da União. (NOVELINO, 2014, p. 710-711)

Por fim, o último antecedente histórico, anterior a Constituição de 1988, a qual será tratada oportunamente, fora a outorgada Constituição de 1967/1969 que promove novamente, ampliação do rol de competências da União, de forma a promover uma centralização política.

4   A ORGANIZAÇÃO DOS ESTADOS FEDERATIVOS DOS ESTADOS UNIDOS DA AMÉRICA E DO BRASIL

Com o intuito de se verificar a organização dos Estados Federativos do Brasil e do Estados Unidos da América fora imperioso a anterior abordagem do contexto histórico de surgimento da forma federativa de Estado, uma vez que há uma relação direta entre a hermenêutica e a história.

Em suma, a organização de ambos os Estados federativos, deverá compor-se no mínimo de o Estado Federal como detentor da soberania e os Estados-Membros como detentores de autonomia como ver-se-á seguir:

> Como forma de organizar o poder, a federação deve ser estruturada internamente pensando em dois centros decisórios de poder. Há, na federação uma complexidade interna na sua organização político-jurídica, que é no mínimo, dual. Essa complexa estrutura se apresenta com dois centros decisórios de poder que são o Estado federal (no caso brasileiro caracterizado peça União) e os Estados federados (no Brasil: os Estados-Membros), ou seja, há uma ordem central e ordens parciais de poder. (BERNARDES, 2010, p.67)

Em decorrência lógica do ante exposto, os Estados-Membros poderão organizar-se considerando suas características próprias, desde que não inviabilizem a noção de unidade. Observe que a organização dar-se-á por intermédio de uma autonomia político administrativa.

E embora reconheça-se o poder dos Estados-Membros de legislar sobre tributo, a depender do grau de autonomia atribuído aos Estados-Membros estes podem legislar sobre outras matérias, inclusive direito penal.

No âmbito do direito penal - sem prejuízo do emprego da expressão direito criminal, comumente utilizado pelo direito norte-americano - neste ponto fazendo referência ao direito penal como um todo, em outras palavras, além da perspectiva de somente os Estados federativos, as legislações objetivam a proteção de bens jurídicos considerados necessários a receber a tutela penal.

Enfim, a dita autonomia político administrativa só se manifesta em havendo repartição de competências, de modo em que não haja hierarquia entre os entes federativos. Deste modo, o tratamento sobre as repartições de competências especificamente nos Estados Unidos da América e no Brasil permitirá entender os moldes dos modelos federativos lá implantados, seus prós e contras.

> Repartição de competências nas Federações é sempre questão intrincada e de difícil solução perfeita. O que se observa são tendências que buscam uma aproximação maior entre história e a demanda de uma determinada sociedade estatal e uma possibilidade decorrente de condições específicas de cada território e de cada povo. Nem há a exaustão das competências repartidas por mais que se busque tal modelo até mesmo porque o Estado tem alteradas as suas funções no curso da história, o que impõe o rebalizamento da questão relativas às competências), nem há a satisfação plena de qualquer dos modelos de repartição de competências, porque as mudanças havidas no processo político determinam as alterações nos espaços de ação das entidades federadas (ROCHA, 1997 p.254)

Ressaltando-se que a referida repartição de competências é questão de difícil solução, e decorre sobre tudo dos antecedentes históricos, admitindo-se mudanças, afim de maior uniformidade ou regionalidade a depender das atuais demandas, justificando-se tal mutação em decorrência do caráter inacabado do federalismo.

4.1 A organização do Estado federativo dos Estados Unidos da América

Em abordagem acerca da organização contemporânea do Estado federativo dos Estados Unidos da América tem de se fazer referência a Constituição de 1879, ainda em vigência, embora seja importante ressaltar que originalmente a mesma era composta por sete artigos, mas desde que entrou em vigor a dita constituição foi alterada vinte e sete vezes.

Para a Constituition (1789), em relação as competências, as leis federais são destinadas a regular duas áreas: Em primeiro lugar, as leis federais são destinadas a regular as questões que dizem respeito ao *país*. Em segundo lugar, as leis federais são destinadas a regular o comércio, que é a atividade econômica, que *cruza de estado para estado*. Alguns exemplos comuns são transmissões de televisão, a Internet, e qualquer forma de transporte, como as companhias aéreas.

Diante das características supra expostas, nota-se o caráter regionalista de edição de leis no modelo de federação estadunidense, decorrente do contexto histórico, e do intuito dos Estados-Membros em terem asseguradas a sua autonomia.

Embora nítido esse caráter regionalista, em razão da incompletude inerente ao modelo federalista, abre-se espaço para a alternância entre um caráter mais regionalista para um caráter mais uniforme e vice-versa, mesmo que seja parcialmente como é o caso de diversas organizações estadunidenses que tem realizado esforços com o fim de uniformizar os distintos Direitos Estatais, e alguns resultados têm sido parcialmente exitosos. Os organizadores principais são o *American Law Institute* (ALI) e a *Uniform Law Comission* (USL), também denominada *National Conference of Commissioners on Uniform State Laws*. Dentre os projetos os que mais teve êxito foi a padronização de diversos direitos em um código comercial uniforme e um modelo de Código Penal.

> *For more than half a century, ALI has collaborated with the Uniform Law Commission in developing and monitoring the Uniform Commercial Code, a comprehensive code addressing most aspects of commercial law. Other Institute projects have resulted in the development of model statutory formulations, including the Model Code of Evidence and the Model Penal Code.* (UNIFORM STATE LAWS)[2]

Uniform Laws Comission (ULC), é uma organização cujo objetivo é de fortalecer o sistema federal, estabelecendo regras e procedimentos que sejam consistentes de estado para estado, mas

---

[2] Há mais de meio século, a ALI colaborou com a Comissão de Direito Uniforme no desenvolvimento e monitoramento do Código Comercial Uniforme, um código abrangente que aborda a maioria dos aspectos do direito comercial. Outros projetos do Instituto resultaram no desenvolvimento de formulações legais modelo, incluindo o Modelo de Código de Evidência e o Código Penal Modelo. (tradução nossa).

que também refletem a experiência diversificada dos estados. Para o mesmo a organização é composta por representantes de cada Estado, nomeados pelo governo do estado. O trabalho de ULC facilita o desenvolvimento econômico e fornece uma plataforma legal para entidades estrangeiras para lidar com os cidadãos e as empresas norte-americanas. Em relação a inciativa da organização *Uniform State of Law* verifica-se que que se visa a promoção do princípio da uniformidade por elaborar e propor leis específicas em áreas do direito onde a uniformidade entre os Estados é desejável.

4.2 A organização do Estado federativo do Brasil

Em abordagem acerca da organização contemporânea do Estado federativo brasileiro, tem-se de fazer referência primeiramente a Constituição de 1988, já que esta conferiu uma nova configuração à federação brasileira, em especial pelos municípios passaram a ser dotados das mesmas autonomias atribuídas a União e aos Estados, sendo elencados, entre os entes federativos (CF, arts. 1º e 18).

A constituição também promove a repartição de competências em seis planos.

O primeiro plano, a competência geral da União.

O art. 21 da Carta dispõe sobre a competência geral da União, que é consideravelmente ampla, abrangendo temas que envolvem o exercício de poderes de soberano, ou que, por motivo de segurança ou de eficiência, devem ser objeto de atenção do governo central. Nos incisos do artigo, atribui-se à União a função de manter relações com Estados

> estrangeiros, emitir moeda, administrar a reserva cambial, instituir diretrizes para o desenvolvimento urbano, manter e explorar serviços de telecomunicações, organizar, manter e executar a inspeção do trabalho, conceder anistia, entre outros. (MENDES; BRANCO; 2014, p. 825)

O segundo plano, a competência privativa da União para legislar, disposta no art. 22, CF, e diversos assuntos relevantes estão contidos no rol taxativo do dito artigo, inclusive a competência para legislar sobre direito penal, mas há outras competências privativas da União em outros artigos tais como o art. 48, CF.

Segundo Mendes e Branco (2014, p. 825). "É copioso o acervo de precedentes do STF julgando inconstitucionais diplomas normativos de Estados-membros, por invadirem competência legislativa da União".

> O parágrafo único do art. 22 prevê a possibilidade de lei complementar federal vir a autorizar que os Estados-membros legislarem sobre questões específicas de matérias relacionadas no artigo. Trata-se de mera faculdade aberta ao legislador complementar federal. Se for utilizada, a lei complementar não poderá transferir a regulação integral de toda uma matéria da competência privativa da União, já que a delegação haverá de referir-se a questões específicas. Nada impede que a União retome a competência, legislando sobre o mesmo assunto a qualquer momento, uma vez que a delegação não se equipara a abdicação de competência. (MENDES; BRANCO; 2014, p. 826)

A questão sobre a delegação de competência para legislar sobre matéria penal, ainda resta controversa, em havendo opositores e apoiadores da possibilidade e viabilidade da mesma.

Tal tema será abordado com maior profundidade no capítulo subsequente.

O terceiro plano, a competência dos Estados, a qual resta, portanto, residual, com algumas destas expressamente discriminadas na Constituição, e algumas, a maior parte, não expressamente discriminadas.

> Atribuíram-se aos Estados o poder de auto-organização e os poderes reservados não vedados pela Constituição Federal (art. 25). Além desses poderes, ditos remanescentes ou residuais, algumas competências foram expressamente discriminadas pela CF, como se vê dos §§ 2º e 3º do art. 25, cuidando, o primeiro da competência estadual para a exploração de serviço de gás canalizado e o segundo da competência legislativa para instituir regiões metropolitanas. Da mesma forma, é explicita a competência dos Estados-membros para, por meio de lei estadual, respeitando o período a ser fixado em lei complementar federal, criar, fundir e desmembrar Municípios. A maior parte da competência legislativa privativa dos Estados-Membros, entretanto, não é explicitamente enunciada na Carta. A competência residual do Estado abrange matérias orçamentárias, criação, extinção e fixação de cargos públicos estaduais, autorização para a alienação de imóveis, criação de secretarias de Estado, organização administrativa, judiciária e do Ministério Público, da Defensoria Pública e da Procuradoria-Gerado do Estado. (MENDES; BRANCO; 2014, p. 826 - 827)

O quarto plano, a competência comum material da União, dos Estados-Membros, do Distrito Federal e dos Municípios (competências concorrentes administrativas) que tem por objetivo a defesa e fomento de certos interesses, que se exigem a combinação dos esforços de todos os entes federais, disposta no art. 23, CF.

Se a regra é a cooperação entre União, Estados-Membros, Distrito Federal e Municípios, pode também ocorrer conflito entre esses entes, no instante de desempenharem as atribuições comuns. Se o critério da colaboração não vingar, há de se cogitar do critério da preponderância de interesses. Mesmo não havendo hierarquia entre os entes que compõe a Federação, pode-se falar em hierarquia de interesses, em que os mais amplos (da União) devem preferir os mais restritos (dos Estados). (MENDES; BRANCO; 2014, p.828)

O quinto plano a competência concorrente prevista no art. 24, CF.

A divisão de tarefas está contemplada nos parágrafos do art. 24 de onde se extrai que cabe a União editar normas gerais – é, normas não exaustivas, leis-quadro, princípios amplos, que traçam um plano, sem descer pormenores. Os Estados-membros e o Distrito Federal podem exercer, com relação às normas gerais, competência suplementar (art. 24, § 2º), o que significa preencher claros, suprir lacunas. Não há falar em preenchimento de lacuna, quando o que os Estados ou o Distrito Federal fazem é transgredir a lei federal já existente. Na falta completa da lei com normas gerais, o Estado pode legislar amplamente, suprindo a inexistência de diploma federal. Se a União vier a editar norma geral faltante, fica suspensa a eficácia da lei estadual, no que contrariar o alvitre federal. Opera-se então, um bloqueio de competência, uma vez que o Estado não mais poderá legislar sobre normas gerais, como lhe era dado até ali. (MENDES; BRANCO; 2014, p.828-829)

O sexto plano, a competência dos Municípios, prevista no art. 29, CF, ou seja, reconhecesse o poder constituinte expresso nas leis orgânicas, limitadas pelos princípios da Constituição Federal, bem como da Constituição Estadual.

Por fim, cabe destacar que parte da doutrina distingue competência privativa de competência exclusiva, sob o fundamento de que a competência exclusiva não pode ser delegada.

Segundo, Mendes e Branco (2014, p. 831):

> Preferimos, com Fernanda Dias Menezes de Almeira, que cita e segue Manoel Gonçalves Ferreira Filho, José Cretella Júnior e Celso Bastos, considerar que ambos os termos expressam a mesma ideia, podendo ser usados indistintamente.

5 DO TRATAMENTO DO DIREITO PENAL NOS ESTADOS FEDERATIVOS DO BRASIL E DOS ESTADOS UNIDOS DA AMÉRICA

Embora, constatada de forma geral a organização dos Estados Federativos dos Estados Unidos da América e do Brasil, resta tratar da competência legislativa penal em específico, a iniciar pela razão de ser da tutela penal, a proteção de bens jurídicos penais, pois somente essa justifica a necessidade de legislar sobre a referida matéria, e subsequentemente abordar os direitos de igualdade dos cidadãos em face dos critérios de uniformidade e regionalista de edição de leis penais.

5.1 Da proteção do bem jurídico penal

A ideia de bem jurídico é extremamente relevante, na medida em que, conforme Prado (2003, p.21): "a moderna ciência penal não pode prescindir de uma base empírica de um vínculo com a realidade que lhe propicia referida noção".

Note-se que a de se ter um vínculo com a realidade, pois é esse que atribui noção ao bem jurídico, mas em relação a realidade a que se faz referência, como extrair dessa, quais bens faz-se necessário a proteção, essa fixação dos critérios de seleção de valores da sociedade configura um problema, como ver-se-á seguir:

> O problema maior a ser enfrentado é o de fixar concretamente os critérios pelos quais se deve proceder à seleção de bens e

valores fundamentais a sociedade. Alude-se, por exemplo, à relação entre bem jurídico e sanção penal. Ora bem pode ela ser contemplada sob uma dupla perspectiva: a de delimitação do âmbito do injusto penal e a de potencialidade da função da pena. (PRADO, 2003, p. 21)

E na medida em que se fala de seleção de valores da sociedade este se dá por intermédio da política criminal e por isso resultado direito da sociedade e da transformação desta.

Em razão do dificultoso estabelecimento de critérios pelos quais deve se proceder à seleção de bens e valores fundamentais a sociedade, cabe destacar o papel da ciência penal nesse processo. Para Prado (2003, p.22):

A ciência do Direito Penal deve empenhar-se na busca de diretivas (realistas e eficazes) – sobretudo diante de uma experiência legislativa pouco favorável – para uma racional concretização e individualização dos interesses merecedores de proteção.

Então, faz-se, por conseguinte, óbvio o porquê da comparação de bens jurídicos a partir do direito penal comparado. Note-se que o presente trabalho acadêmico não intenta uma discussão teórico-discursiva sobre eventuais conceitos atribuídos a bem jurídico por intermédio do direito penal brasileiro e norte-americano, mas sim, ater-se aos critérios pelos quais proceder a tutela de bens e valores mais adequados para a sociedade, sobretudo, em se considerando as repercussões da adoção um modelo federal de Estado uniforme e regionalista.

A adoção do modelo federal com características mais uniforme ou regional implica de modo direito na seleção de bens necessários e importantes a tutela do direito penal, já que se verifica a importância e necessidade sob uma ótica uniforme e regional da sociedade respectivamente.

Observe que o principal tema afeto a adoção de tais critérios é a própria penal, já que em utilizando-se de um critério regionalista possibilitara-se além de tutelar bens jurídicos de formas distintas, propiciar uma tutela por meio da atribuição de pena de um modo distinto.

> A relação entre bem jurídico e pena opera uma simbiose entre o valor de bem jurídico e a função da pena: de um lado, tendo-se presente que se deve tutelar o que em si mesmo possui um valor, o marco da pena mão é senão uma consequência imposta pela condição valiosa do bem; de outro lado, e ao mesmo tempo, a significação social do bem se vê confirmada precisamente porque para a sua proteção vem estabelecida penal. Tudo isso contribui para concretizar os requisitos de capacidade e necessidade de proteção, que é comum se exigir de bens jurídicos por ocasião de se prever tutela. (PRADO, 2003, p. 23)

Então, mais do que a fixação de critérios para identificar se um bem merece a tutela penal em se considerando valores sociais, cabe verificar se em função dessa simbiose bem jurídico e pena, seria possível a fixação de diversas penas em abstrato para a violação de um mesmo bem jurídico, e se além de possível este é viável em se considerando os parâmetros de pesquisa Estado Federal brasileiro e Norte-americano. A princípio nada obsta já que deve considerar o requisito necessidade de proteção, e pode-se haver necessidade de proteção a nível regional ante as diferenças regionais.

Sobre a tutela de bens jurídicos, portanto, vê-se influência direita dos modelos adotados, portanto, merece tratamento o tema referente a competência para legislar sobre matéria penal nos Estados Federativos, sobretudo em se tratando do Brasil e dos Estados Unidos da América.

Por fim, antes de se tratar da repercussão da tutela de bens jurídicos em estados federados, por mais que não seja intenção da presente pesquisa tratar pormenorizadamente do conceito de bem jurídico, cabe fazer alguns apontamentos com finalidade didática.

> Originalmente, com base na mais pura tradição neokantiana, de matriz espiritualista, procura-se conceber o bem jurídico como valor cultural – entendida a cultura no sentido mais amplo, como um sistema normativo. Os bens jurídicos têm como fundamento valores culturais que se baseiam em necessidades individuais. Estas se convertem em valores culturais quando são socialmente dominantes. E os valores culturais transformam-se em bens jurídicos quando a confirma em sua em sua existência surge necessidade de proteção jurídica. (PRADO, 2003, p. 44)

Da noção neokantiana de bens se extrai alguns elementos importantes, as necessidades individuais que se convertem em valor social quando socialmente dominante e a proteção destas em havendo necessidade. O problema desta conceituação é o critério do que seria socialmente dominante, em se tratando de um modelo federalista pode-se compreender em duas vertentes, socialmente dominante em um caráter regional e que mesmo assim merece proteção, cabendo ressaltar que há previsão do os Estados promoverem nos limites das competências atribuídas em suas constituições estas proteções, e socialmente dominante em um caráter uniforme e que merecem igualmente proteção.

Tem-se também uma conceituação objetivista de bem jurídico.

> Wenzel considera o bem jurídico como um bem vital a comunidade ou do indivíduo, que por sua significação social é protegido juridicamente. E que a missão do Direito Penal vem ser a tutela de bens jurídicos mediante a proteção dos valores éticos-sociais da ação mais elementares. De inspiração fenomenológica, essa peculiar orientação estabelece que os bens jurídicos realizam certas funções dentro do contexto amplo e dinâmico da vida social. (PRADO, 2003, 44-45)

Segundo esse conceito, deve-se assegurar os valores individuais e coletivos fundamentais, sob a ótica da presente pesquisa a princípio um modelo federal regionalista melhor oportuniza o asseguramento de valores individuais e coletivos na medida em que facilita a participação do indivíduo e coletividades em demostrar a necessidade deste bem merecer a tutela penal, e merecer a tutela em que medida.

> Entende Roxin que os bens jurídicos são pressupostos imprescindíveis a existência em comum, que se caracteriza numa série de situações valiosas, como por exemplo, a integridade física, a liberdade de atuação, ou a propriedade, que toda a gente conhece, e na sua opinião, o Estado social deve também proteger penalmente. (PRADO, 2003, p. 47)

Note-se que quando se fala em bens jurídicos muito se fala em tutela de bens imprescindíveis a vida em comum, mas quem define a possibilidade de se viver em comum é a própria sociedade, portanto, nada obsta que a sociedade por assim entender adote um critério regionalista ou unitário para fins de viabilizar a possibilidade da existência em comum.

> E Zaffaroni considera que bem jurídico penalmente tutelado é a relação de disponibilidade de uma pessoa com um objeto, protegida pelo Estado, que revela seu interesse mediante normas que proíbem determinadas condutas que as afetam são expressadas com a tipificação dessas condutas. (PRADO, 2003, p.48)

Essa divergência teórico-discursiva sobre a definição de bem jurídico, embora não seja foco da presente pesquisa, permite constatar a viabilidade da adoção de critérios regional ou unitário de Estado Federal, pois o núcleo comum a todas definições de bens jurídicos antes expostas, é a necessidade de existência em comum e o valor social que pode ser dar em uma dimensão regional se assim a sociedade o quiser.

5.2 A competência para legislar sobre matéria penal nos Estados Federativos

Em suma, a competência para legislar acerca de direito penal em Estados Federativos será de um ente federativo, seja este os estados-membros ou a União conforme o que dispõe a Constituição federal de cada Estado, ou seja, pode-se utilizar um critério de uniformidade ou um critério regionalista.

A eleição por esses critérios de uniformidade ou um critério regionalista, no caso do Brasil e Estados Unidos da América são reflexos direitos do contexto histórico de ambos, os Estados Unidos da América em virtude de sua prévia composição como

Confederação tente a atribuir maior autonomia para os estados-membros, enquanto o Brasil em virtude de sua prévia composição com forma unitária de Estado, tende a atribuir autonomia menor aos estados-membros.

5.2.1 Do direito de igualdade dos cidadãos em face dos critérios de uniformidade e regionalista de edição de leis penais

Da dita atribuição de autonomia aos estados-membros para fins de edição de leis penais, surge a questão referente ao asseguramento da igualdade aos seus respectivos cidadãos, faz-se, portanto, indispensável uma conceituação de igualdade.

> Os direitos de igualdade podem ser diferenciados em duas dimensões, conforme o fim ao qual se destinam. A igualdade jurídica visa a impedir que sejam adotados tratamentos diferenciados para situações essencialmente iguais ou tratamentos iguais para situações essencialmente diferentes sem uma razão legitima para tal. A igualdade fática ao seu turno, tem por objeto central a redução de desigualdades existentes no plano fático, o que exige necessariamente a adoção de um tratamento jurídico diferenciado. (NOVELINO, 2014, p. 477)

Deste depreende-se que os direitos de igualdade possuem sim uma singularidade que os diferencia dos outros direitos fundamentais. Estes possuem um âmbito de proteção no qual contempla-se diferentes domínios, mas, cujas intervenções, para serem consideradas legítimas restrições, devem ter uma justificação constitucional.

Ao tratar do direito penal regionalizado e da sua aptidão a promoção da tutela penal eficiente de bens jurídicos, este tangencia o já tratado aspecto da igualdade, o mesmo é perfeitamente cabível em havendo justificação constitucional, sendo legítima a restrição à igualdade, implicando em um tratamento diferenciado para situações essencialmente diferentes. Observe-se que as ditas restrições ocorrem pautadas em observação as peculiaridades locais, já que há localidade com características de criminalidade diferenciadas, facultando-se um tratamento diferenciado por intermédio da adoção de medidas específicas na área afetada.

5.2.2 *Estados Unidos da América e o critério essencialmente regionalista de edição de leis penais*

Embora tenha sido feita uma abordagem geral sobre da organização do Estado federativo dos Estados Unidos da América, inclusive acerca das competências, restou a este capítulo o tratamento a competência penal a qual, a princípio era para o governo federal limitar-se a edição de leis sobre o governo, sendo os únicos crimes que a União seria competente para legislar: pirataria, delitos em alto mar, falsificação e traição. Entretanto esses poderes forem ampliados, em razão de precedente, para legislar acerca de leis penais fundadas na cláusula de comércio e na cláusula de necessidade e adequação.

Nessa perspectiva, o poder de promulgar leis penais cabe quase que exclusivamente aos Estados-membros. Isto é devido a décima emenda.

> *The Power not delegated to the United States by the Constitution, nor prohibited by it to the States, are reserved to the States respectively, or to the people.* (UNITED STATES OF AMERICA, 1789)[3]

Em razão do dito critério regionalista, cada um dos 50 estados estadunidenses possui a sua Constituição, geralmente ditando regras gerais sobre todas as atividades do Estado, inclusive sobre Direito Criminal.

Para Côrrea (2015) Alguns estados tais como Geórgia, Alabama, Texas, Flórida e Califórnia, adotam a pena de morte, enquanto outros de há muito aboliram essa forma de punir.

Acerca da viabilidade ou não da pena de morte este será abordada no capítulo subsequente.

E independentemente da verificação de organizações como o *American Law Institute* e a *National Conference of Commissioners on Uniform State Law* com o intuito de rediscutir as competências sobre algumas matérias, de forma a retribuir algumas competências a União, inclusive sobre matéria penal, essencialmente o critério continua a ser regionalista para fins de edição de leis penais.

---

[3] O poder não delegado pelos Estados Unidos pela Constituição, ou não proibidos para os Estados são reservados aos Estados respectivamente ou para as pessoas (tradução nossa)

5.2.3 Brasil e o critério essencialmente de uniformidade de edição de leis penais

Importante destacar que conforme a Constituição Federal do Brasil (1988), no art. 22, I, compete privativamente a União a competência para legislar sobre matéria penal.

> Aliás, nesse sentido, confira-se a recente Súmula 722 do STF: São da competência legislativa da União a definição dos crimes de responsabilidade e o estabelecimento das respectivas normas de processo e julgamento. Excepcionalmente, prevê o art. 22, parágrafo único, da CF, que lei complementar poderá autorizar os Estados a legislar sobre questões específicas das matérias relacionadas neste artigo. Portanto, visando à regionalização de determinadas questões penais, seria admissível que a União autorizasse o Estado a construir um tipo penal incriminador, prevendo delito peculiar a certa parte do País. Embora não se tenha notícia dessa prática, a verdade é que o Estado jamais poderia legislar em matéria de Direito Penal Fundamental (normas inseridas na Parte Geral do Código Penal, que devem ter alcance nacional, a fim de manter a integridade do sistema), nem tampouco poderia compor normas que contrariassem, de qualquer modo, a legislação federal. Assim, a atividade legislativa do Estado, em matéria penal, ocuparia eventual lacuna existente nas normas federais. (NUCCI, 2014, p.60)

Embora, não se tenha notícia de tal prática, cabe fazer referência, as normas penais em branco heterogêneas, as quais justificam-se materialmente para promover a tutela penal eficiente de bens jurídicos que encontram particularidades regionais ou locais; que de certo modo autorizam que ente diverso a União legisle sobre matéria penal com a finalidade de atender os objetivos a seguir.

Para Mendonça (2016), a lei penal em branco heterogênea se justifica materialmente para promoção da tutela penal eficiente de bens jurídicos com particularidades regionais ou que possuam as características: nível significativo de normatização, disciplina que demande conhecimento técnico específico ou seja instável no tempo.

6 DO DIREITO PENAL REGIONALIZADO APTO A PROMOÇÃO DA TUTELA PENAL EFICIENTE DOS BENS JURÍDICOS EM SE TRATANDO DO BRASIL E DOS ESTADOS UNIDOS DA AMÉRICA

Assim, o que se pretende esclarecer primeiramente é que ambos os Estados federativos reconhecem que a depender da tipologia de crimes poderá atribuir-se competência legislativa, diversa da regra geral. Note-se, portanto, a incidência de uma forma Federativa de Estado com um federalismo inacabado, podendo fechar-se e se abrir continuamente.

É esse determinado jogo político equilibrado que importa na política criminal, pois resulta da própria composição da sociedade e da estruturação do Estado, assim o que se pretende discutir é, em virtude desse jogo equilibrado pautado na própria composição da sociedade – em observância as transformações sócias históricas das sociedades e a composição atual destas e da estruturação do Estado -, como deve ser a promoção da tutela penal, em especial nos aspectos atinentes a possibilidade de aumento e de diminuição da cominação das penas em abstrato, em decorrência de alterações legislativas a depender de quem detém a competência legislativa sobre a matéria, nesse mesmo sentido, a possibilidade ou não de "abolitio crimes", em decorrência de alterações legislativas a depender de quem detém a competência legislativa sobre a matéria, e estes consubstanciados com a teoria sobre a finalidade das penas.

A atenção ao aspecto das penas decorre exclusivamente destas estarem intimamente relacionadas com o Estado, pressuposto de toda a referida pesquisa, nesse sentido:

> Pena e Estado são conceitos intimamente relacionados entre si. O desenvolvimento do Estado está intimamente ligado ao da pena. Para uma melhor compreensão da sanção penal, deve-se analisa-la levando-se em consideração o modelo socioeconômico e a forma de Estado em que se desenvolve esse sistema sancionador (BITENCOURT, 2014, p, 130).

Por fim, cabe elucidar como o direito penal regionalizado é apto a promoção da tutela penal eficiente dos bens jurídicos nos Estados Unidos da América e no Brasil.

6.1 Do direito penal regionalizado apto a promoção da tutela penal eficiente dos bens jurídicos nos Estados Unidos da América

Tem de admitir como pressuposto da discussão que em tese não há prejuízo no emprego de um modelo federativo com característica mais uniforme ou mais regionalista, só tem cabimento a presente discussão se feita uma análise contemporânea dos Estados Unidos da América. E não impede que a posteriori haja uma alternância entre o caráter regionalizado para o caráter uniforme, a depender da demanda da respectivo país.

Contemporaneamente o modelo federalista norte-americano já é regionalista e os fundamentos para sua continuidade nestes moldes se assentam em:

Primeiro, a característica regionalista atende as particularidades regionais que merecem diferenciações, principalmente em razão do contingente da população norte-americana, a extensão territorial dos Estados Unidos da América, e do próprio histórico regionalista.

Segundo, um arranjo do Estado federal mais adequado a realidade norte-americana.

O arranjo federal em que há a participação do Senado como representante dos Estados-Membros na formação da vontade nacional resultou de um compromisso histórico nos Estados Unidos da América. E tem um caráter descentralizador compatível com a característica do Estado federal implementado pelos Estados Unidos da América.

Não é porque é adequado, que não há críticas a esse arranjo federal pelos seguintes fundamentos:

> Nos Estados Unidos afirma-se que o Senado Federal está muito mais atrelado às questões de interesses grupais ou paritários do que aos interesses estaduais. A mudança do papel dos senadores nos Estados Unidos é, geralmente, associada ao fato de que, inicialmente, estes não eram eleitos pelo povo, e, sim, pelas assembleias estaduais, o que os atrelaria aos interesses estaduais. Entretanto, desde a emenda 17 da Constituição norte-americana, de 1913, os senadores passaram a ser eleitos diretamente pelo povo, portanto, estaria, assim, plantada a base que forneceria o distanciamento entre esses e os Estados-Membros, já que se tornaram representantes direitos dos interesses gerais do povo. (BERNARDES, 2010, p.111)

Terceiro, a influência da mídia sobre a política criminal interpretada conjuntamente com a finalidade das penas: por vezes a mídia exerce influência no sentido de aumentar retribuição do delito, embora a pena ainda tenha a função preventiva. Embora a mídia possa exercer mais facilmente influência para que haja alteração de pena em função do aumento exponencial mesmo que aparente de algum crime, este esforço será regional, não incorrendo na desproporcionalidade de que um crime tenha a pena aumentada em todo território nacional em função de particularidade regional. Esse ainda, é mitigado, em função de a mídia ser difundida nos Estados Unidos da América.

> Os Estados Unidos não têm uma Lei de Imprensa, e a regulamentação da mídia no país é feita por diferentes legislações. No caso das telecomunicações (rádio, TV aberta e a cabo, internet e telefonia móvel e fixa), a regulação está a cargo da Federal Communications Comissiona (Comissão Federal de Comunicações, ou FCC, na sigla em inglês), agência independente do governo criada em 1934. A FCC se dedica principalmente a regular o mercado, com foco nas questões econômicas. O órgão é responsável por outorgar concessões. A propriedade cruzada de meios de comunicação é proibida. Assim, uma mesma empresa não pode ser proprietária de um jornal e de uma estação de TV ou de rádio na mesma cidade. Há também regras que impõem certos limites sobre o número de estações de TV e rádio que uma mesma empresa pode controlar em determinado mercado. Esses limites variam de acordo com o tamanho do mercado e têm o objetivo de impedir que um mesmo grupo controle totalmente a audiência em determinado local. (CÔRREA, Alessandra *et al*, 2014)

Ainda, em relação a finalidade das penas, o maior benefício da adoção um critério regionalista se centra na possibilidade da abolição de um crime, denominado abolitio criminis, que ocorre quando o legislador, resolve não mais continuar a incriminar determinada conduta, retirando do ordenamento jurídico-penal a infração que a previa, pois, o Direito Penal não mais se fazia necessário à proteção de determinado bem.

Permite-se em decorrência de particularidades regionais que certa conduta não continue a ser incriminada, não tem porque privar a liberdade de alguém, sem que seja considerada necessária.

Muito embora pareça desproporcional uma conduta ser crime em uma região e não em outra, em função de autorização constitucional que sequer fere o princípio da igualdade. Desproporcional é em verdade a manutenção de uma conduta como crime, de modo a privar a liberdade de alguém, sendo que os seus pares já não consideram a mesma necessária.

Quanto aos excessos das penas perpétuas e penas de morte, estes estão autorizados constitucionalmente, embora as críticas que possa se tecer aos mesmos. E, ainda, se vê uma tendência a abolição dessas penas, sobretudo a pena de morte.

Quarto, a participação dos indivíduos nas questões do Estado quando eles têm a oportunidade de fazer diferença e quando os problemas discutidos afetam diretamente seus interesses. Já se abordou de forma tangente este ao destacar a política criminal e a escolha de bens jurídicos a serem tutelados a considerar sua importância sob um parâmetro da sociedade, e ainda ao suscitar a desnecessidade de manter uma conduta como crime em havendo a desnecessidade considerada por seus pares, aqui, sobretudo, em uma perspectiva regional, já que estes que são diretamente atingidos pelas respectivas condutas.

É tão evidente a questão referente a participação dos indivíduos em situações em que suas discussões possam influenciar a resposta que:

> Com efeito, observou Toqueville, ao investigar as colônias da Nova Inglaterra, no século XVIII, que os cidadãos apenas participam seriamente das questões do Estado quando eles têm a oportunidade de fazer diferença e quando os problemas discutidos afetam diretamente seus interesses. Do contrário, os cidadãos mantêm-se apáticos e desinteressados pelas questões públicas. (OLIVEIRA, 2010, p.23)

Mas, o que mais importa na participação nesses parâmetros é a aferição de legitimidade consubstanciada em maior representatividade. Salienta-se que os Estados Unidos experimentam uma estabilidade democrática, faz-se referência nesse ponto a única Constituição americana de 1789, ainda vigente.

Embora detentores de uma democracia madura, há por óbvio, problemas representativos, tal como fez-se referência em relação ao senado atrelado a questões de interesse grupais. Mas, os problemas de ordem representativa são mitigados na medida em que há uma repartição de competências mais efetiva, atribuindo-se competências a União e aos Estados-membros de forma a considerar os interesses regionais em primeiro plano, e em segundo plano os interesses de âmbito nacional. Enfim, evita-se que poucos, em contingente ínfimo, detenham os poderes em nome de muitos.

6.2 Do direito penal regionalizado apto a promoção da tutela penal eficiente dos bens jurídicos no Brasil

Como ressalvado anteriormente tem de admitir como pressuposto da discussão que em tese não há prejuízo no emprego de um modelo federativo com característica mais uniforme ou mais regionalista, só tem cabimento a presente discussão se feita uma análise contemporânea, do Brasil. E não impede que a posteriori haja uma alternância entre o caráter regionalizado para o caráter uniforme, a depender da demando da respectivo país.

Contemporaneamente o modelo federalista brasileiro tem características de uniformidade, e os fundamentos para sua alternância para um modelo com características regionalista se assentam em:

Primeiro, a característica uniforme não atende as particularidades regionais que merecem diferenciações, principalmente em razão do contingente da população brasileira. Ainda, quanto ao histórico de uniformidade brasileiro, todas as vezes em que se adotaram um critério centralizador, durante a vigência da forma de Estado federativo, incorreram-se em intervenções militares, como foram nas Constituições outorgadas de 1937 e 1967/1969, ressalvada a Constituição de 1934, mas que fora precursora da Constituição de 1937.

Segundo, um arranjo do Estado federal inadequado a realidade brasileira.

Em se tendo optado pelo arranjo do Estado federal, em que se tenha o Senado Federal como representantes dos Estados-Membros aptos a manifestarem a vontade nacional, estes devem em verdade representar os Estados-Membros, e não estar atrelado a questões de interesses grupais ou paritários.

> O Estado brasileiro sempre seguiu o modelo de participação dos Estados-Membros na formação da vontade nacional como meio de assegurar a presença deles na vida política federal, adotando, para tanto, o sistema senatorial. Entretanto, na história constitucional brasileira, o papel do Senado está longe de fazer as vezes à caracterização específica do Direito Constitucional norte-americano ou do Conselho Federal alemão, e inúmeras críticas se apresentam afirmando que essa Câmara deixa a desejar no que se refere à representação de interesses dos Estados federados. (BERNARDES, 2010, p.108-109)

Observe que o arranjo do Estado federal com a presença de um Senado Federal com intuito de os Estados-Membros participarem da vontade nacional é só um arranjo do modelo federativo e não um pressuposto para o mesmo, e esse arranjo depende de um compromisso histórico para que seja coerente.

> No Estado brasileiro a crítica à composição do nosso Legislativo e à forma de resguardar a participação dos Estados-Membros na formação da vontade nacional funda-se, em grande parte, na argumentação de que no moderno sistema de partidos não há que se falar em Casas representativas dos Estados, e dessa forma já se advoga, por exemplo, a tese da adoção de um Legislativo unicameral em nosso Estado. É nesse sentido a opinião de Silva, ao afirmar que nos Estados Unidos essa câmara representativa dos Estados resultou de um compromisso histórico que não existiu no Brasil e que estava vinculada à ideia de que a representação se formava por delegados dos próprios Estados. (BERNARDES, 2010, p.113)

Terceiro, a influência da mídia sobre a política criminal. Para Vieira (2013), a notícia por intermédio de emprego de títulos e imagens fortes condiciona a opinião pública.

Por vezes a mídia exerce influência no sentido de aumentar retribuição do delito, o principal problema é que a mídia é dominada por um grupo restrito de pessoas, e ainda é centrada em determinadas regiões.

> O mercado de mídia no Brasil é dominado por um punhado de magnatas e famílias. Na indústria televisiva, três deles têm maior peso: a família Marinho (dona da Rede Globo, que tem 38,7% do mercado), o bispo da Igreja Universal do Reino de Deus Edir Macedo (maior acionista da Rede Record, que detém 16,2% do mercado) e Silvio Santos (dono do SBT, 13,4% do mercado). A família Marinho também é proprietária de emissoras de rádio, jornais e revistas – campo em que concorre com Roberto Civita, que controla o Grupo Abril (ambos detêm cerca de 60% do mercado editorial). Famílias também controlam os principais jornais brasileiros – como os Frias, donos da Folha de S.Paulo, e os Mesquita, de O Estado de S. Paulo (ambos entre os cinco maiores jornais do país). No Rio Grande do Sul, a família Sirotsky é dona do grupo RBS, que controla o jornal Zero Hora, além de TVs, rádios e outros diários regionais. Famílias ligadas a políticos tradicionais estão no comando de grupos de mídia em diferentes regiões, como os Magalhães, na Bahia, os Sarney, no Maranhão, e os Collor de Mello, em Alagoas. (CONHEÇA, 2011)

Esse contexto implica no resultado de que por influência e um grupo restrito de pessoas em razão de características regionais, os crimes tem as penas aumentas nacionalmente. Acerca do referido grupo restrito de pessoas, ainda, é pertinente fazer a seguinte constatação:

> Curiosamente, a elite política – analistas políticos, jornalistas, intelectuais etc. – tende a valorizar a atuação do ente central,

por conta da maior visibilidade da política federal: promove-se uma verdadeira fixação federal que provoca apatia da população em relação a questões locais. (OLIVEIRA, 2010 p. 23)

Quarto, há no Brasil, uma participação mitigada dos indivíduos nas questões do Estado, o que pode ser alterado se caso, oportunizar-se a participação destes nas questões do Estado quando eles têm a oportunidade de fazer diferença e quando os problemas discutidos afetam diretamente seus interesses.

Na atual conjuntura, adverte-se que o motivo de haver falta de oportunização de condições para fazer a diferença quando os problemas discutidos afetam diretamente seus interesses decorrem, sobretudo, da falta de legitimidade do poder legislativo, consubstanciado na falta de representatividade, na medida em que: não basta o trabalho político depender apenas da vontade dos representantes eleitos, sobretudo, quando essa vontade advém de um grupo restrito de pessoas, elite política, os quais promovem uma verdadeira fixação federal que provoca apatia na população em relação a questões regionais.

Afinal, além de significar uma das finalidades do princípio federativo, a democracia também se apresenta como um princípio-fim, cujo estado de coisas que pretende realizar envolve a participação real e consciente das pessoas na formação da vontade estatal (OLIVEIRA, 2010 p.26)

Por tais motivos, a adoção de um modelo regionalista por si só resulta parcialmente em uma barreira a manutenção da detenção dos poderes nas mãos de elites influenciadoras nacionais. Não se descarta a possibilidade de influências de elites regionais, mas há nesse molde minimamente a coerência da influência em razão de características regionais a questões de âmbito regional. E por fim, a modelo regionalista possibilita de forma mais clara o cidadão atuar como protagonista da democracia.

7   CONSIDERAÇÕES FINAIS

A presente pesquisa dedicou-se a promover uma discussão teórico-discursiva sobre o federalismo contemporâneo, e sua aplicabilidade de forma mais eficiente nos Estados dos Estados Unidos da América e do Brasil. Em termos gerais coube estabelecer os seguintes alicerces teóricos.

Os Estados adeptos a forma federal de Estado, o fazem em razão da demanda da sociedade por um poder descentralizado, de modo em que haja uma repartição de competências entre a União e os Estados-membros, sobre a referida repartição de competências repercute a questão inerente a detenção de soberania e autonomia, tanto o é, que houve a proposição de diversas teorias - a Teoria da dupla soberania ou da co-soberania ou ainda da divisão da soberania; a Teoria dos Estados- Membros; a Teoria que afirma como único Estado o Estado federal; a Teoria da participação; a Teoria da autonomia; e a Teoria do Estado descentralizado - tendentes a identificar a natureza jurídica da federação, cujos fundamentos nucleares eram soberania e autonomia. Advertindo-se que as mais proeminentes são a Teoria da Autonomia e a Teoria do Estado descentralizado por serem as primeiras a tratarem da questão inerente a autonomia dos Estados-Membros.

A União detém a soberania, enquanto os Estados-Membros detém autonomia política-administrativa, e não poderia ser diverso, pois em os Estados-Membros detendo soberania incorre-se no modelo confederalista.

A mera constatação da detenção de autonomia pelos Estados-Membros não é suficiente para compreender a complexidade do modelo federativo, é imperioso que em uma leitura contemporânea deste, o faça consubstanciadamente com o princípio do federalismo. Federação por si só está ligada a um aspecto institucional, enquanto o federalismo deve ser compreendido a partir não só do Estado, mas também da sociedade que o coloca em funcionamento, então verifica-se que o princípio se amolda as exigências democráticas, devendo o federalismo fornecer meios para que a sociedade participe da formação da vontade estatal.

Em um dos aspectos inerentes a exteriorização da participação da sociedade na formação da vontade estatal verifica-se que a federação pode assumir uma forma mais uniforme ou mais regionalista a depender das características históricas-sociais, e por fim essa se abre e fecha continuamente, revelando seu caráter incompleto, que dizer, é inerente a federação a rediscussão de seus limites, por assim dizer as repartições de competências.

Pós tratamento aos aspectos teóricos da federação, empregou-se o recurso do direito comparado, de modo a possibilitar a verificação dos antecedentes históricos à federação, justificativa de sua implementação, contornos atuais e razões para a manutenção desta em seus atuais moldes, ou a eventual necessidade de mudança.

Em relação ao contexto histórico dos Estados Unidos da América: o surgimento da federação costuma ser atribuída à Constituição norte-americana, de 17 de setembro de 1787.

Em relação ao contexto histórico do Brasil: inspirada na federação norte-americana, a federação brasileira, se deu modo diverso em virtude de particularidades do contexto histórico nacional, em especial a prévia estruturação em um modelo unitário, deste modo o surgimento da estrutura federativa brasileira com o advento da Constituição de 1891, não conseguiu estabelecer verdadeira interdependência entre União e os Estados, pois havia enorme desiquilíbrio federativo, sobretudo em razão da proeminência dos Estados de São Paulo e Minas Gerais. A Constituição de 1934 promoveu uma a redução das competências atribuídas aos Estados-Membros, sobretudo acerca da matéria de processo penal. De modo equânime a Constituição de 1937 também o fez, ainda estabelecendo competências privativas da União e exclusivas dos Estados. Contrariamente a tendência centralizadora a Constituição de 1946 restaurou o federalismo, assegurando a União competências privadas e outorgando as competências residuais aos Estados. Por fim, o último antecedente histórico, anterior a Constituição de 1988, fora a outorgada Constituição de 1967/1969 que promove novamente, ampliação do rol de competências da União, de forma a promover uma centralização política. Observe que em todas as vezes em que se adotaram um critério centralizador, durante a vigência da forma de Estado federativo, incorreram-se em intervenções militares, como foram nas Constituições outorgadas de 1937 e 1967/1969, ressalvada a Constituição de 1934, mas que fora precursora da Constituição de 1937.

Em detrimento dos referidos contextos sócio históricos os referidos Estados têm a organização federativa da seguinte forma:

Nos Estados Unidos da América, em conformidade com a Constituição americana de 1789, em relação as competências, as leis federais são destinadas a regular duas áreas: Em primeiro lugar, as leis federais são destinadas a regular as questões que dizem respeito ao *país*. Em segundo lugar, as leis federais são destinadas a regular o comércio, que é a atividade econômica, que *cruza de estado para estado*. Diante das características supra expostas, nota-se o caráter regionalista de edição de leis no modelo de federação estadunidense, decorrente do contexto histórico, e do intuito dos Estados-Membros em terem asseguradas a sua autonomia. Embora nítido esse caráter regionalista, em razão da incompletude inerente ao modelo federalista, abre-se espaço para a alternância entre um caráter mais regionalista para um caráter mais uniforme e vice-versa, mesmo que seja parcialmente como é o caso de diversas organizações estadunidenses que tem realizado esforços com o fim de uniformizar os distintos Direitos Estatais, os que mais teve êxito foi a padronização de diversos direitos em um código comercial uniforme e um modelo de Código Penal.

Merece tratamento específico, a competência penal, a princípio era para o governo federal limitar-se a edição de leis sobre o governo, sendo os únicos crimes que a União seria competente para legislar: pirataria, delitos em alto mar, falsificação e traição. Entretanto esses poderes forem ampliados, em razão de precedente, para legislar acerca de leis penais fundadas na cláusula de comércio e na cláusula de necessidade e adequação. Nessa perspectiva, o poder de promulgar leis penais cabe quase que exclusivamente aos Estados-membros, em evidente opção pelo critério regionalista, mesmo que tenha sido igualmente contatada a atuação de organizações com o intuito de rediscutir as competências sobre algumas matérias, de forma a reatribuir algumas competências a União, inclusive sobre matéria penal.

No Brasil, em relação as competências estabelecidas na Constituição de 1988 pode-se dividi-las em seis planos: no primeiro plano, a competência geral da União, prevista no art. 21, CF que envolve temas relativos ao exercício de poderes de soberano; o segundo plano, a competência privativa da União, disposta no art. 22, CF, e diversos assuntos relevantes estão contidos no rol taxativo do dito artigo, inclusive a competência para legislar sobre direito penal, importante atentar sobre a possibilidade de delegação prevista no dito artigo, mas que resta controversa sobre matéria penal; o terceiro plano, a competência dos Estados, prevista no art. 25, CF, em suma, poder de auto-organização dos Estados-membros; o quarto plano, a competência comum material da União, dos Estados-Membros, do Distrito Federal e dos Municípios (competências concorrentes administrativas) que tem por objetivo a defesa de certos interesses, que se exigem a combinação dos esforços de todos os entes federais, disposta no art. 23, CF; o quinto plano a competência concorrente prevista no art. 24, CF, no qual compete a União editar normas gerais e os Estados-membros editar normas suplementares;

o sexto plano, a competência dos Municípios, prevista no art. 29, CF.

Igualmente merece tratamento específico, a competência penal no Brasil, dispõe o art. 22, I, CF que compete privativamente a União a competência para legislar sobre matéria penal. Ressalta-se, entretanto, que excepcionalmente que lei complementar pode autorizar os Estados-membros a legislarem sobre questões das matérias previstas em todo esse artigo, deste infere-se que visando-se a regionalização de determinadas questões penais a União pode autorizar ao Estado a constituir um tipo incriminador, em razão de um delito peculiar em certa parte do país. Ainda, em relação a mitigada regionalização de questões penais, cabe referenciar as normas penais em branco heterogêneas, as quais justificam-se materialmente para promover a tutela penal eficiente de bens jurídicos que encontram particularidades regionais ou locais. Enfim, a competência exclusiva da União para legislar sobre matéria penal, somada a possibilidade de delegação da matéria, ainda inocorrente, demostram o caráter extremamente uniformalista do federalismo brasileiro, ainda que em contrariedade tenha-se a situação das normas penais em branco heterogêneas.

Frente a organização federativa dos Estados Unidos da América e Brasil nota-se uma opção dos Estados por uma federação mais regionalista, e mais uniforme respectivamente. Opções essas em conformidade com a teoria do federalismo que contempla os caráteres regionalista e uniforme, adverte-se, no entanto, que a respectiva opção deve ser em consonância com as demandas da sociedade, é nesse sentido que o caráter regionalista se apresenta com maior viabilidade para ambos os Estados.

Propõe-se então, uma continuidade do modelo federativo estadunidense, e uma mudança paradigmática do modelo federativo brasileiro, fundamentado no caráter incompleto do federalismo, que se abre e fecha continuamente, permitindo-se, portanto, essa rediscussão de seus limites, por assim dizer as repartições de competências.

Cabendo, desde logo, afastar a principal crítica inerente ao caráter regionalista para fins penais, em relação ao princípio da igualdade, o qual, não se vê violado, uma vez que os direitos de igualdade possuem uma singularidade que os diferencia dos outros direitos fundamentais, já que possuem um âmbito de proteção no qual contempla-se diferentes domínios, mas, cujas intervenções, para serem consideradas legítimas restrições, devem ter uma justificação constitucional.

Ao tratar do direito penal regionalizado e da sua aptidão a promoção da tutela penal eficiente de bens jurídicos, este tangencia o já tratado aspecto da igualdade, o mesmo é perfeitamente cabível em havendo justificação constitucional – esta incontroversa na constituição americana, e compatível com a constituição brasileira em havendo, emenda constitucional atribuindo competência legislativa sobre matéria penal aos Estados-membros, ou mesmo frente a ocorrência da delegação legislativa prevista no art. 22, CF do Brasil – sendo, portanto, legítima a restrição à igualdade, implicando em um tratamento diferenciado para situações essencialmente diferentes. Observe-se que as ditas restrições ocorrem pautadas em observação as peculiaridades locais, já que há localidade com características de criminalidade diferenciadas, facultando-se um tratamento diferenciado por intermédio da adoção de medidas específicas na área afetada.

Uma vez afastada a infundada crítica, vê-se os argumentos para a continuidade ou implemento de um modelo federativo regionalista para cada caso, em solução ao problema proposto pela presente pesquisa.

Contemporaneamente o modelo federalista norte-americano já é regionalista, e a continuidade se justifica sob a égide de quatro argumentos:

Primeiro, a característica regionalista atende as particularidades regionais que merecem diferenciações, principalmente em razão do contingente da população norte-americana, a extensão territorial dos Estados Unidos da América, e do próprio histórico regionalista;

Segundo, um arranjo do Estado federal mais adequado a realidade norte-americana, o arranjo federal em que há a participação do Senado como representante dos Estados-Membros na formação da vontade nacional resultou de um compromisso histórico nos Estados Unidos da América. E tem um caráter descentralizador compatível com a característica do Estado federal implementado pelos Estados Unidos da América;

Terceiro, a influência da mídia sobre a política criminal interpretada conjuntamente com a finalidade das penas, por vezes a mídia exerce influência no sentido de aumentar retribuição do delito, embora a pena ainda tenha a função preventiva. Embora a mídia possa exercer mais facilmente influência para que haja alteração de pena em função do aumento exponencial mesmo que aparente de algum crime, este esforço será regional, não incorrendo na desproporcionalidade de que um crime tenha a pena aumentada em todo território nacional em função de particularidade regional. Esse ainda, é mitigado, em função de a mídia ser difundida nos Estados Unidos da América. Ainda, em relação a finalidade das penas, o maior benefício da adoção um critério regionalista se centra na possibilidade da abolição de um crime, denominado abolitio criminis. E muito embora pareça desproporcional uma conduta ser crime em uma região e não em outra, em função de autorização constitucional que sequer fere o princípio da igualdade. Desproporcional é em verdade a manutenção de uma conduta como crime, de modo a privar a liberdade de alguém, sendo que os seus pares já não consideram a mesma necessária;

Quarto, a participação dos indivíduos nas questões do Estado quando eles têm a oportunidade de fazer diferença e quando os problemas discutidos afetam diretamente seus interesses, sobretudo em virtude da aferição de legitimidade consubstanciada em maior representatividade do modelo regionalista.

Contemporaneamente o modelo federalista brasileiro tem características de uniformidade, e a mudança para o modelo com características regionalista se justifica sob a égide de quatro argumentos:

Primeiro, a característica uniforme não atende as particularidades regionais que merecem diferenciações, principalmente em razão do contingente da população brasileira. Ainda, quanto ao histórico de uniformidade brasileiro, todas as vezes em que se adotaram um critério centralizador, durante a vigência da forma de Estado federativo, incorreram-se em intervenções militares, como foram nas Constituições outorgadas de 1937 e 1967/1969, ressalvada a Constituição de 1934, mas que fora precursora da Constituição de 1937;

Segundo, um arranjo do Estado federal inadequado a realidade brasileira, uma vez que os representantes devem em verdade representar os Estados-Membros, e não estar atrelado a questões de interesses grupais ou paritários, como o é, ainda, sequer tem-se um compromisso histórico com o referido arranjo;

Terceiro, a influência da mídia sobre a política criminal, uma vez que, por vezes a mídia exerce influência no sentido de aumentar retribuição do delito, o principal problema é que a mídia é dominada por um grupo restrito de pessoas e centrada em determinadas regiões, então, faz-se uma análise de parte e aplica-se ao todo, sem legar em conta as particularidades de outras regiões.

Quarto, há no Brasil, uma participação mitigada dos indivíduos nas questões do Estado, o que pode ser alterado se caso, oportunizar-se a participação destes nas questões do Estado quando eles têm a oportunidade de fazer diferença e quando os problemas discutidos afetam diretamente seus interesses.

Enfim, os argumentos versam essencialmente sobre a composição contemporânea das respectivas sociedades e da estruturação dos respectivos Estados, e são estes elementos que determinam um jogo político equilibrado próprio de uma democracia, e que importam na política criminal de forma a tecer como deve ser a promoção da tutela penal, em especial nos aspectos atinentes a possibilidade de aumento e de diminuição da cominação das penas em abstrato. O caráter regionalista além de não violar o princípio da igualdade entre cidadãos, promove a possibilidade de tratar a regionalidade em consonância com sua necessidade, evitando-se, por conseguinte, a desproporcionalidade da manutenção de uma conduta como crime, de modo a privar a liberdade de alguém, sendo que os seus pares, considerados em sua realidade regional, já não consideram a mesma necessária.

Estruturar um Estado federal, e opção por um modelo uniforme ou regional, é tarefa árdua, demanda a conjugação de diversas variáveis, deve-se sempre fazer uma leitura apurada da situação contemporânea consubstanciada com a demanda da sociedade, sem prejuízo de eventuais alterações de modelo frente ao caráter de incompletude do federalismo, sob pena de determinar o esvaziamento da própria essência do federalismo.

REFEFÊNCIAS

AMERICAN LAW INSTITUTE. **About ALI**. Apresenta em que se constitui, as funções e os objetivos do Instituto Americano de Leis. Disponível em: https://www.ali.org/about-ali/. Acesso em: 13 fev. 2018.

BARACHO, José Alfredo de Oliveira. **Teoria geral do federalismo**. Rio de Janeiro: Forense, 1986.

BRASIL. Constituição (1988). **Constituição da República Federativa do Brasil**. Brasília: Senado Federal, 1988. Disponível em: http://www.planalto.gov.br/ccivil_03/constituicao/constituica o.htm. Acesso em: 12 out. 2017.

BITENCOURT, Cezar Roberto. **Tratando de direito penal –** Parte Geral. 20ª. ed. São Paulo: Saraiva, 2014.

BERNARDES, Wilba Lúcia Maia. **Federação e Federalismo**. Belo Horizonte: Del Rey, 2010.

BERNARDES, Wilba Lúcia Maia. **Federação e Federalismo**. Belo Horizonte: Del Rey, 2010 apud JELLINEK, Georg. **Teoria general del Estado**. Tradução de Fernando de Los Rios. 2.ed. Buenos Aires: Albatros, 1954.

BOBBIO, Norberto. **A Era dos Direitos**. Tradução de Carlos Nelson Coutinho. Rio de Janeiro: Elsevier, 2004.

CORRÊA, Alessandra. Por que a pena de morte tem sido cada vez menos usada nos EUA?. **BBC Brasil**. Wiston-Salem: 16 dez. 2015, Disponível em: http://www.bbc.com/portuguese/noticias/2015/12/ 151216_eua_execucoes_ac_hb. Acesso em: 13 fev. 2018

CÔRREA, Alessandra *el al*. Como funciona a regulação da mídia em outros países? **BBC Brasil**. Weston-Salem: 1 dez. 2014, Disponível em: http://www.bbc.com/portuguese/noticias/2014/12/

141128_midia_paises_lab. Acesso em: 19 fev. 2018

CONHEÇA os principais magnatas da mídia no mundo. **BBC Brasil**, São Paulo, 18 jul. 2011, Disponível em: http://www.bbc.co m/portuguese/noticias/2011/07/110718_magnatas_bg_cc. Acesso em: 14 fev. 2018

MENDES, Gilmar Ferreira; BRANCO, Paulo Gustavo Gonet. **Curso de Direito Constitucional**. 9. ed. São Paulo: Saraiva, 2014.

MENDONÇA, Tarcísio Maciel Chaves; **Lei penal em branco**. Rio de janeiro: Lumen Juris, 2016

NOVELINO, Marcelo. **Manual de Direito Constitucional**. 9ª. ed. São Paulo: Método 2014.

NUCCI, Guilherme de Souza. **Código Penal Comentado**. 14º. ed. Rio de Janeiro: Forense, 2014.

OLIVEIRA, Thiago de. **O poder local e o federalismo brasileiro**. Belo Horizonte: Fórum, 2010.

OLIVEIRA, Ricardo Victalino de. **Federalismo assimétrico brasileiro**. Belo Horizonte: Arraes Editores, 2012.

PRADO, Luiz Regis. **Bem jurídico-penal e Constituição**, 3ª. ed. São Paulo, Revista dos Tribunais, 2003

ROCHA, Cármen Lúcia Antunes. **República e federação no Brasil**: traços constitucionais da organização política brasileira. Mendoza: Del Rey, 1997.

UNIFORM LAW COMISSISSION. **About the ULC**. Apresenta em que se constitui, as funções e os objetivos do Comissão de Lei Uniforme ou Conferência Nacional de Comissários sobre Leis Estaduais Uniformes. Disponível em: http://www.uniformlaws.or

g/Narrative.aspx?title=About%20the%20ULC. Acesso em 13 de fevereiro de 2018.

UNITED STATES OF AMERICA. Constitution (1789). **United States Constitution**. Pennsylvania, 1789. Disponível em: https://www.senate.gov/civics/constitution_item/constitution.ht m. Acesso em: 12 de outubro de 2017.

VIEIRA, Ana Lúcia Menezes. **Processo Penal e Mídia**. São Paulo: Revista dos Tribunais, 2003.

ANOTAÇÕES

Associação Guimarães de Estudos Jurídicos

A Associação Guimarães de Estudos Jurídicos - AGEJ, é um grupo dedicado à promoção e incentivo de pesquisas e publicações nas áreas do Direito. Desprovida de finalidades lucrativas ou partidárias, a AGEJ é um espaço criativo e democrático destinado ao desenvolvimento das competências de pesquisa científica.

A concepção e criação da associação se deu pelos irmãos Clayton Douglas Pereira Guimarães e Glayder Dayverth Pereira Guimarães que, insatisfeitos com o número oportunidades de publicação para graduandos e graduados, conjecturaram acerca da possibilidade de fomentar e incentivar a pesquisa por intermédio desse grupo.

Nesse sentido, com o intento de auxiliar novos autores a publicarem seus primeiros livros e participar de obras coletivas de forma profissional e com custos reduzidos, ciaram a AGEJ.

Deseja publicar uma obra jurídica? Contate-nos por meio do nosso site.

Belo Horizonte
2021
Associação Guimarães de Estudos Jurídicos
Email: contato.agej@hotmail.com
Website: https://associacaoguimaraes.wixsite.com/home
Instagram: @agej.oficial